COMPACT
RATGEBER-BIBLIOTHEK
Erfolg im Leben

KÖRPER-SPRACHE

Sonderausgabe

Alle Ratschläge und Tips wurden sorgfältig überprüft. Eine Garantie bzw. Haftung kann jedoch nicht übernommen werden.

1998 Trautwein Ratgeber-Edition
Genehmigte Sonderausgabe

Chefredaktion: Claudia Schäfer
Redaktion: Tamara Hansinger, Barbara E. Euler
Redaktionsassistenz: Gudrun Kurth
Text: Renate Schuhmayer
Illustrationen: Annegrit Schön
Umschlaggestaltung: Inga Koch
Produktionsleitung: Uwe Eckhard
Produktion: Gunther Jaich
ISBN 3-8174-5241-1
5252411

INHALT

Vorwort

Nichts fasziniert uns so sehr wie der menschliche Körper. Bewußt oder unbewußt sind wir auf alle körperlichen Phänomene fixiert.

Aus eigener Erfahrung wissen wir, daß der Körper eines Menschen ausdrückt, wer und was er ist und wie er sich fühlt. Ob ausgeruht oder müde, ob froh oder traurig, ob für eine Sache begeistert oder gelangweilt. Wir hüpfen vor Vergnügen, erröten aus Scham, zittern vor verhaltener Wut und lächeln in stiller Freude – alles ganz unwillkürlich, ohne unser Zutun und ohne daß wir es wissen oder wollen.

Die besondere Wesensart eines jeden Menschen spiegelt sich in Körperhaltung, Fortbewegung, Gestik und Mimik, in der Art seines Sprechens wider. Dementsprechend beurteilen wir andere Menschen nach ihrem körperlichen Erscheinungsbild. Jeder von uns benutzt die Sprache des Körpers: Manchmal bewußt, meist aber unbewußt verrät sie Gedanken, Stimmungen, charakterliche Merkmale. Oft kann die wortlose Körpersprache das gesprochene Wort als Lüge entlarven, oder sie kann aussprechen, was verschwiegen werden sollte.

Würden wir die Signale der Körpersprache genauer kennen, könnten wir noch sensibler auf unsere Mitmenschen reagieren und die eine oder andere Fehleinschätzung vermeiden, zu der uns unsere Intuition bisweilen führt.
Wer die Signale der Körpersprache zu deuten versteht, kann aus Körperhaltung, Gang, Mimik, Gestik

und der Art des Sprechens mehr erfahren als aus dem gesprochenen oder geschriebenen Wort.

Das vorliegende Buch soll einen Einblick in die Kinesik, so nennt man die Wissenschaft der Körpersprache, geben und ein wenig dazu beitragen, daß Menschen einander besser verstehen.

Die Selbstwahrnehmung

Bevor Sie darangehen, andere Menschen zu beobachten, sollten Sie zuerst einmal versuchen, sich selbst wahrzunehmen. Meist machen wir uns selbst kein sehr genaues Bild von unserem Körper, geschweige denn Gedanken darüber, was wir mit unserer Körpersprache ausdrücken.

Setzen Sie sich in einer ruhigen Minute in den Sessel, schließen Sie die Augen und beginnen Sie, sich selbst zu beobachten: Sitzen Sie gerade oder haben Sie sich regelrecht in den Sessel gelümmelt? Wie angespannt sind Sie, was machen Arme, Beine, Füße? Ist Ihr Gesicht entspannt? Können Sie überhaupt alle Teile Ihres Körpers fühlen, oder fällt Ihnen dies irgendwo besonders schwer?

Wenn Sie sich dann das Bild vor Augen halten, das Sie gerade abgeben, dann stellen Sie sich die Frage, wie Sie sich dabei fühlen. Versuchen Sie Ihren momentanen Gemütszustand mit Ihrem Körperbild abzustimmen, und Sie werden vielleicht erstaunt feststellen, daß Ihr verkniffener Mund eine innere Anspannung bei Ihnen bewirkt. Hat Ihnen auch schon jemand anders gesagt, daß Sie verkrampft sind? Müssen nicht auch auf ihn die angespannten Mundwinkel so gewirkt haben?

Wenn Sie erst einmal erkannt haben, wie Ihre Körpersprache auf andere wirkt, wird es Ihnen leichterfallen, beim nächsten Mal die Anspannung zu lösen und die Mundwinkel zu entspannen.

Wenn Sie gelernt haben, sich selbst genauer zu betrachten, wird es Ihnen auch leichter fallen, die Körpersprache anderer zu verstehen.

Ein kleiner Tip anbei: Viel Spaß macht es auch, Werbeplakate zu analysieren und Körpersprache und Absicht des Plakates zu vergleichen.

Die Beurteilung der Körpersprache

Was macht es so schwierig, die Zeichen der Körpersprache richtig zu deuten? Es ist der Umstand, daß sie nur selten für sich allein zu betrachten sind, sondern immer im Verbund mit anderen Signalen auftreten. Jede Bewegung setzt sich also aus verschiedenen Bausteinen der Körpersprache zusammen.

Der Fluß oder Spannungsgrad einer Bewegung

Jede Vorstellung, jedes Gefühl, jeder innere Antrieb, der auf ein aktives Tun hinwirkt, führt in unserem Körper zu Muskelspannungen. Diese Muskelspannungen spüren wir oft nicht nur in den unmittelbar betroffenen Körperteilen, sondern sie können den ganzen Körper erfassen.

Die Merkmale der Spannung lassen sich im allgemeinen leichter erfassen als die der Spannungsarmut. Im extremen Fall der Spannungslosigkeit hängen ganze Muskelgruppen schlaff herab, wie z. B. die Wangen oder die Mundwinkel. Der individuelle Spannungszustand ist leicht zu erkennen an der besonderen Bewegungsweise, an der Art und Weise, zu stehen oder zu sitzen, an der Gestik oder Mimik und ganz besonders gut an der Art zu sprechen.

Um die situationsbedingte Einstellung eines Menschen mittels seiner Körpersignale richtig einschätzen zu können, ist es wichtig, das Verhältnis zwischen Spannungsgrad und der äußeren Lebenssituation richtig zu beurteilen: Ist die Spannung auch für die Situation angemessen und erforderlich, oder ist der Körper übermäßig angespannt?

Oft erkennt man schon an der Atmung den augenblicklichen Spannungszustand. Das Auftreten einer Anspannung ist immer mit einem gewissen Krafteinsatz gekoppelt.
Ganz typisch ist folgende Lage: In einer etwas verfahrenen Situation hat man plötzlich den rettenden Gedanken, ganz spontan macht man meist einen tiefen Atemzug und nimmt die Sache in Angriff. Genauso verhält man sich vor einer körperlichen Anstrengung – Sie brauchen nur einmal Sportler zu beobachten, zum Beispiel einen Geräteturner vor dem Beginn seiner Übung. Ist man dazu noch angespannt und nervös, bekommt der Atemzug leicht den Charakter des Luftschnappens. Die darauffolgende Ausatmung hat eine Lösung der Anspannung zur Folge – auch dies können Sie sehr gut bei einem Sportler beobachten. Niemals wird er seine Übung beginnen, ohne noch einmal kräftig ausgeatmet zu haben. Den Laien oder Untrainierten werden Sie oft dabei beobachten, daß er die Luft nach der Einatmung anhält, und genauso verkrampft wird er die Sache dann auch angehen.
Wenn Sie sich selbst beobachten, so sollten Sie auch zwischendurch immer Ihre Atmung kontrollieren, und Sie werden merken, wie gut eine einzelne tiefe Ausatmung Ihre Anspannung nehmen kann.

Eine Bewegung, die in ihrer Spannung ausgeglichen und angemessen ist, wird auch als „schön“ bezeichnet, eine übermäßige, unangemessene Spannung oder Verkrampfung als „unschön“.

Ein Spannungszustand zeigt sich oft in einem rhythmischen Spiel, so z. B. dem Daumendrehen oder dem Wippen mit dem Fuß.
Jede innere Anspannung muß sich motorisch, also mittels unserer Muskeln, äußern. Wird der Drang dazu willentlich unterdrückt, so macht sich die Spannung durch eine entsprechende Verspannung, z. B. in den Händen oder den Gesichtszügen, bemerkbar.
Zu beobachten sind dann auch rhythmisch gestörte Bewegungen, die ständig wiederholt werden, etwa ein Trommeln der Finger auf der Tischplatte oder das Hin- und Herschieben irgendeines Gegenstandes.

„Zweckbewegungen", die wir mit einer bestimmten Absicht machen, sind meist auch durch eine erhöhte Spannung gekennzeichnet. Gut beobachten können Sie diese Spannung bei Rednern, die im wahrsten Sinne des Wortes ihre Überzeugungskraft demonstrieren wollen. Die Bewegungen, zumeist ein monotones Heben von Hand und Unterarm mit geballter Faust oder erhobenem Zeigefinger, sind eher geradlinig und bieten wenig Abwechslung. Spontane Bewegungen zeichnen sich eher durch eine gelöste Spannung aus.

Die innere Antriebskraft kann nicht übergangen oder einfach weggezaubert werden, sie findet immer ihren Weg zur Äußerung. Der Spannungszustand eines Menschen steht in engem Zusammenhang mit der Wirkung seiner Persönlichkeit auf andere. Die folgende Übersicht soll Ihnen helfen, verschiedene Spannungszustände leichter zu erkennen und einzuordnen.

Spannungszustand und Wirkung der Persönlichkeit

überspannt, verkrampft	gespannt	gelöst, entspannt	aufgelöst, ungehemmt
angestaute Kraft, Verspannung	verhaltene Kraft, aktiv	freie Kraft, sich eher dem Geschehen hingeben	aufgelöste Kraft, sich gehenlassen
krampfhaft	Macht	Schicksal	Mangel an Selbstbeherrschung
forcierte Selbstdisziplin	Disziplin	locker, natürlich	undiszipliniert
Trotz	Festigkeit	aus sich herausgehend	lasch
verschlossen	Zurückhaltung	genießen können	verführbar, schlapp
unnatürlich	gemessen	ungezwungen	flegelhaft
	formell		wurstig

Spannungsausgleich!
Im rhythmischen Wechsel von Spannung und Lösung der Kraft, einmal voll gespannter Aktivität, dann entspannt und frei, haben wir eine ausgeglichene, harmonische und in sich geschlossene Persönlichkeit vor uns.

Die sich ständig wandelnde Veränderung in der Muskelspannung, die sich zwischen den Extremen von höchster Anspannung und größter Entspannung abspielt, wird auch Fluß der Muskelspannung genannt, oder ganz einfach nur Fluß.

Wir unterschieden zwei verschiedene Formen des Flusses: freier und gebundener Fluß. Von freiem Fluß sprechen wir, wenn das Verhältnis zwischen Agonist und Antagonist ergänzend ist (Agonist ist der anspannende Muskel, und Antagonist ist der gegenspannende Muskel, der eigentlich die genau entgegengesetzte Bewegung auslöst und somit verhindert, daß der sich anspannende Muskel überspannt und reißt). Im Fallmoment eines Schwunges ist der Bewegungsfluß „frei". Plötzliches Anhalten der Bewegung wird schwierig oder gar unmöglich – die Bewegung ist „im Fluß".

Ebenfalls kennzeichnend für den freien Fluß ist die geminderte Kontrolle über die Bewegungsform und die Bewegungsrichtung. Besondere Aufmerksamkeit gilt dem freien Fluß aus Gründen der Bewegungsökonomie – man sollte eben nicht mehr Spannung als notwendig anwenden. Allerdings verlangt der freie Fluß auch Risikobereitschaft.

Wenn das Verhältnis zwischen Agonist und Antagonist entgegengesetzt – im Sinne der Gegenspannung – ist, nennen wir den Fluß gebunden. In der Phase des Aufschwungs zum Beispiel, der einen Halt und einen Richtungswechsel erzielt, wird der Fluß zunehmend gebunden. Wenn eine Bewegung mühelos angehalten werden kann und/oder ebenso mühelos ein Richtungswechsel stattfinden kann, so ist der Fluß gebunden.

Die Kraft oder der Grad der Gewichtsmobilisierung

Der Einsatz unseres Körpergewichtes und die dafür aufzuwendende Muskelspannung sind eng miteinander verbunden. Wir können unser Gewicht aktiv oder passiv einsetzen.

Beim passiven Gewichtseinsatz herrscht keinerlei Muskelspannung vor, es ist somit kein Widerstand, keine Abwehr möglich. „Wir lassen uns gehen." Jemand, der sich anlehnen möchte, oder aber auch ein Betrunkener, der torkelt, bringt sein passives Gewicht zum Einsatz. Auch ein Baby kann sein Gewicht nur passiv einsetzen, und schon deshalb wirkt es ganz besonders hilflos auf uns.

Je mehr Muskelspannung wir aufwenden, desto mehr haben wir unser Körpergewicht und damit auch uns selbst unter Kontrolle.

Menschen, die in fortwährender Anspannung leben und stets mehr Körpergewicht benutzen als eigentlich für manch kleine Bewegung notwendig wäre, erwecken den Eindruck, als wären sie in ständiger Abwehr. Diese Menschen sind handelnd und wenig beeinflußbar.

Starker Gewichtseinsatz verleiht vielen Gesten Nachdruck. Soll man Gesagtem oder „Bewegtem" Glauben schenken, so ist es unerläßlich, dem Ganzen den notwendigen Ausdruck durch den richtigen und angemessenen Gewichtseinsatz zu geben.

Den Wandel im Einsatz des Körpergewichts in der Bewegung bezeichnet man auch als Kraft. Unter starkem Krafteinsatz versteht man die Betonung des Körpergewichts in der Bewegung. Starken Krafteinsatz haben wir durch ein Nachgeben des Körpergewichts an die Erdanziehungskraft oder durch ein Loslassen des Körpergewichts, d. h. durch den passiven Gewichtseinsatz.

Ebenfalls starken Krafteinsatz haben wir durch eine Mobilisierung des Gewichts in die Bewegungsrichtung bzw. gegen die Erdanziehungskraft, d.h. den aktiven Gewichtseinsatz. Ein Beispiel dafür wäre Stampfen, Stoßen oder Holzhacken.

Wird das Körpergewicht in der Bewegung gegen die Erdanziehungskraft gehalten, so sprechen wir von leichtem Krafteinsatz, zum Beispiel wenn Sie mit entspannter Hand eine Wasseroberfläche bewegen.

Wenn eine Person selbst ihren Gewichtseinsatz durch entsprechende Muskelspannung oder -entspannung aktiv und variabel regelt, dann hat das nichts mit der Gewichtsbeschaffenheit der Person in Kilogramm zu tun. Eine Person von 50 kg kann sich genauso schwer oder leicht wie ein 100-kg-Mann bewegen.

Die Zeit in der Bewegung

Unter Zeit verstehen wir den Wandel in der Einstellung zur Bewegungsdauer. Wir unterscheiden allmähliche und plötzliche Bewegungen.

Bei allmählichen Bewegungen folgen die einzelnen Bewegungen einander so, daß die eine in die andere übergeht, ununterbrochen, kontinuierlich. Es handelt sich um ein Streben nach An- bzw. Ausdauer der Bewegung. Man will die Bewegung nicht unterbrechen und dehnt sie daher aus.

Plötzliche Bewegungen werden so hervorgebracht, daß sie sich deutlich voneinander unterscheiden, d.h. deutlich getrennt werden. Man möchte die Bewegungsdauer zeitlich komprimieren, verkürzen.

Im Gegensatz dazu beschreiben die Qualitäten schnell und langsam nicht die Dauer der Bewegung, sondern die Geschwindigkeit, mit der sie ausgeführt werden.

Geschwindigkeit aber bedarf, um exakt meßbar zu sein, einer fremden Norm als Maßstab. Allmählich und plötzlich sind qualitative, schnell und langsam quantitative Bezeichnungen.

Die Bewegung im Raum

In der Bewegungslehre kennt man den Begriff Raum für eine Beschreibung der inneren Einstellung zur räumlichen Zielstrebigkeit.

Wir unterscheiden die Begriffe direkt und flexibel. Mit direkt meinen wir: auf geradem Wege auf das Ziel zu, wobei mit Ziel der Ort gemeint ist, an dem die Bewegung aufhört.

Unter flexibel verstehen wir: auf räumlichem Umweg auf das Ziel zu.

Der Bewegungsantrieb

Jede unserer Bewegungen vollzieht sich im Raum und beinhaltet eine gewisse Dauer. Wir bringen einen Teil unseres Körpergewichtes zum Einsatz und wenden eine bestimmte Muskelspannung für die Bewegung auf.

Raum, Zeit, Spannung und Körpergewicht sind stets vorhandene Einzelfakoren in jedem Bewegungsablauf.

Unser Bewegungsantrieb besteht aus der inneren Einstellung zu diesen vier Faktoren.

Rudolf von Laban, ein Tanzpädagoge der 30er Jahre, hat diese verschiedenen Antriebsbewegungen näher untersucht und daraus ein Grundmuster von acht verschiedenen Antriebsaktionen entwickelt.

Diese acht Bewegungsdynamiken sind bei jedem Menschen unterschiedlich ausgeprägt, und jede Person bevorzugt für sich selbst nur ein paar wenige Dynamiken, mit denen sie sich im Alltag bewegt.

Die Bewegungsantriebe prägen unsere Körpersprache sehr deutlich und vermitteln den anderen einen wesentlichen Eindruck von unserer Persönlichkeit.

Die Antriebsaktionen sind in unserem Unterbewußtsein fest verankert und werden von unserer Psyche beeinflußt.

Wenn Sie lernen, die verschiedenen Antriebsaktionen zu unterscheiden, wird es Ihnen leichter fallen, die Menschen in den Grundzügen ihres Tuns einzuordnen. Sie sollten alle Antriebsaktionen auch an sich selbst ausprobieren, um zu sehen, welche Ihnen besonders liegen und welche Sie lieber vermeiden.

Wenn Sie sich selbst unwohl in einer der Antriebsaktionen fühlen, so ist es sehr wahrscheinlich, daß Ihnen auch Personen, die genau diese Bewegungsdynamik bevorzugen, unsympathisch sind.

Vergessen Sie dabei nicht, daß jede Bewegung Vor- und Nachteile hat, auch wenn sie Ihnen auf den ersten Blick noch so sympathisch oder unsympathisch erscheinen mag.

Die verschiedenen Antriebsaktionen

1. Drücken

Drücken ist eine sehr direkte, also richtungsgebundene und langsame, d. h. allmähliche Bewegung mit großem Krafteinsatz.

Sie wirkt schwerfällig, plump und anstrengend. Mit dieser Bewegung würde man beispielsweise einen schweren Schrank wegschieben. Handelt es sich nur um einen sehr leichten Gegenstand, so braucht man mit diesem Bewegungsantrieb zu „viel Kraft für nichts". Eine Person, die gerne drückt, gilt als beharrlich und ausdauernd, setzt aber auch sehr gerne sich selbst und andere unter Druck.

Mißt sich der „Drücker" mit einem Partner, so kommt es leicht zum Kräftemessen. Diese Person hat Lust am Austoben und sucht gerne nach ihren eigenen Grenzen.

2. Stoßen

Stoßen ist ebenso wie Drücken eine Bewegung mit großem Krafteinsatz. Im Unterschied zum Drücken ist es eine eher schnelle, plötzliche Bewegung. „Stoßer" bringen ihre Energie sehr zielgerichtet zum Einsatz und schonen sich dabei nicht. Im negativen Sinne werden „Stoßer" als aggressiv, rücksichtslos und kompromißlos eingeschätzt. Ihr Egoismus kann auch in „blinde Wut" ausarten.

3. Wringen

Wringen ist eine langsame, allmähliche, flexible Bewegung mit großem Krafteinsatz. Sehr typisch für diese Dynamik ist der Begriff „sich aus einer Sache winden“.

„Wringer“ winden sich gerne um Entscheidungen, zeigen ihre Gefühle nicht offen. Sie leben eher abgeschlossen in ihrer Welt, sind ausweichend und zeigen wenig Kontaktbereitschaft, was bis zur Abweisung gehen kann. Man hat das Gefühl, nicht so recht an sie heranzukommen. „Wringer“ wollen alles sehr genau betrachten und sorgfältig abwägen, bevor sie eine Entscheidung fällen, und sie neigen dazu, die Dinge „in sich hineinzufressen“.

Die wringende Antriebsaktion erweckt den Eindruck einer zähen, beharrlichen Bewegungsform.

4. Peitschen

Peitschen ist eine starke, flexible Bewegung mit plötzlichem Krafteinsatz. Die Dynamik ist sehr ruckartig, bei Betonung des Krafteinsatzes wirkt sie wie ein Schlagen.

Menschen, die die Antriebsaktion Peitschen bevorzugen, gelten als sehr reaktionsschnell. Jemand, der „die Peitsche schwingt“, lenkt sehr schnell die Aufmerksamkeit auf sich, wie ein Dompteur in der Manege. In seiner Extremform ist das Peitschen aggressiv und unberechenbar.

5. Gleiten

Gleiten ist eine zielgerichtete, also direkte, allmähliche Bewegung mit geringem Krafteinsatz. Zu den Antriebsaktionen des Gleitens gehören auch Begriffe wie glätten, schmieren, auftragen. Hier wird deutlicher, daß alle diese Aktionen eher kraftlos und wenig überzeugend sind. „Gleiter“ sind anpassungsfähig und hilfsbereit, aber auch etwas wirklichkeitsfremd. Die Bewegungsdynamik ist unauffällig, sie wirkt manchmal sogar gelangweilt.

6. Tupfen

Tupfen ist im Gegensatz zum Gleiten eine zielgerichtete, plötzliche Bewegung mit geringem Krafteinsatz. Jemand, der gerne tupft, wirkt auf andere verspielt bis albern, voller Tatendrang und scheint immer zu Unsinn aufgelegt. Die Bewegungsdynamik ist eher ungebunden und frei. Im Gegensatz zu den „Stoßern“ sparen sie mit Energie, kommen jedoch genauso schnell ans Ziel.

Im negativen Sinne werden aus „Tupfern“ manchmal penible, kleinkarierte Menschen.

7. Schweben

Schweben ist in seiner Antriebsaktion flexibel, allmählich, und mit wenig Krafteinsatz verbunden. Jemand „schwebt auf Wolke sieben“, eine typische Redewendung für diese Bewegungsdynamik. Vielleicht wirkt der „Schweber“ manchmal etwas zu

abgehoben und träumerisch – und findet sich deshalb sehr oft in einer Beobachterrolle. Schweben ist eine ruhige, gelöste und kraftsparende Bewegungsform.
Streuen und streicheln sind Begriffe, die in die übergeordnete Antriebsaktion Schweben fallen.

8. Flattern

Flattern ist ebenfalls flexibel und mit wenig Krafteinsatz verbunden, ist jedoch eine plötzliche Bewegungsform. Flatterhaft und zappelig sind Umschreibungen dieser Antriebsaktion. Ruhelos und hektisch, aufgeregt und ziellos wirkt der „Flatterer" auf uns. Andererseits scheint er immer ein „lockerer Typ" zu sein. Ständiges Flattern kann auch sehr irritieren, weil wir durch die plötzliche Bewegungsform manchmal einen Angriff vermuten.

Die Angemessenheit des Verhaltens

In vielen Lebenssituationen können wir uns ganz spontan äußern, frei und natürlich, ohne jede Hemmung oder Steuerung das tun oder sagen, was unser innerer Antrieb verlangt. Wir zeigen ein natürliches und ungestörtes Verhalten. In manchen Situationen jedoch tauchen Störungen auf, die unsere Bewegungen beeinflussen.

Eine Bewegung kann in dreierlei Hinsicht gestört sein:

a) Das Verhalten ist zwar dem Inhalt nach richtig, jedoch ist die Intensität der Ausführung unangemessen.

Zu stark ist eine Bewegung oft bei großer Begeisterung, bei starker Erregung oder bei einer hysterisch-hemmungslosen Reaktion. Zu schwach ist eine Bewegung meist bei Gehemmtheit oder bei einer besonders ausgeprägten Selbstdisziplin.

b) Das Verhalten ist dem Inhalt nach unangemessen.

Hierbei wird eine Sache falsch aufgefaßt oder mißverstanden, oder es handelt sich um eine Trotzreaktion, wie sie besonders im Pubertätsalter häufig zu beobachten ist.

c) Das Verhalten ist dem Inhalt nach unangemessen und auch in der Intensität der Bewegung.

Paradebeispiel für diesen Fall ist der altbekannte „Tropfen, der das Faß zum Überlaufen bringt". Dieser letzte Tropfen ist keineswegs Anlaß genug, um so heftig zu reagieren. Wer jedoch immer wieder Ärger hinunterschluckt und Selbstbeherrschung übt, wird eines Tages dem angestauten Ärger aus einem nichtigen und für andere oft gar nicht nachvollziehbaren Anlaß Luft machen.

Die Bewegungsrichtung

Wir unterscheiden folgende Bewegungsrichtungen: vorwärts, seitwärts, rückwärts, nach oben, nach unten, die Kombination verschiedener Richtungen, ein Sich-Ausdehnen (nach außen) und ein Sich-Kleinmachen (nach innen).

Gerade die Bewegungsrichtung ist oft besonders auffällig. Es macht sich jemand ganz klein, so als wolle er sich am liebsten in Luft auflösen, oder reckt und streckt sich und wächst förmlich über sich hinaus. Wer zwar Zustimmung ausspricht, aber Oberkörper und Füße schon in Richtung Tür dreht, also bereits zur Flucht ansetzt, wirkt unglaubwürdig.

Jedes Hindeuten auf oder Heranwinken von Personen oder Sachen deutet auf den Wunsch, etwas zu besitzen. Jedes Abwenden deutet auf Ablehnung und ein Sich-entziehen-Wollen. Ein In-sich-Zusammenziehen drückt einen depressiven Zustand aus, ein Aufrichten und Wachsen deutet auf Angriff hin, und sei es nur mit Worten.

Dazwischen gibt es noch ein Abwägen, eine Art neutraler Haltung, oft auch als Denkgeste bezeichnet. Meist handelt es sich dabei um Selbstberührungen, die uns ein wenig mehr Sicherheit und Wohlbehagen verschaffen sollen. Am häufigsten berühren wir dabei mit der Hand unseren Kopf, indem wir das Kinn oder die Schläfe stützen oder unser Haar berühren. Auch die Geste des Armekreuzens, die sozusagen eine Schutzbarriere vor der Brust aufrichtet, bietet den Beruhigungseffekt des Selbstkontakts.

Beobachten Sie sorgfältig, wohin eine Bewegung weist. Horizontale Bewegungen sind für das Gegenüber sehr verbindlich. Nehmen Sie beispielsweise das Begrüßungszeremoniell, ein breites, horizontales Öffnen der Arme – fällt es da nicht schwer, dieser Geste einfach auszuweichen?

Die Person, die uns so empfängt, wirkt so offen und bietet eine so breite Angriffsfläche, daß uns gar nichts anderes übrigbleibt, als auf die Begrüßung einzugehen.

Vertikale Bewegungen (auf und ab) wirken sehr bedrohlich auf uns. Hier thront jemand auf allen Ebenen und hat den Überblick. Erinnert Sie das nicht an so manchen Politiker?

Die Geschwindigkeit einer Bewegung

Wir unterscheiden hierbei schnelle und langsame Bewegungen, ausgeglichene, gelassene Bewegungen und gleichmäßiges oder ungleichmäßiges Bewegungstempo.

Schnelle Bewegungen weisen auf ein lebendiges Temperament hin, sie können auch Beschwingtheit oder Freude ausdrücken. Zu schnelle, hastige Bewegungen wirken nervös und unstet.

Dagegen geben uns eher langsame und gelassene Bewegungen den Eindruck von Überlegenheit, zu dieser Person läßt sich leicht Vertrauen gewinnen.

Ausgesprochen langsame Bewegungen lassen einen temperamentlosen, leicht phlegmatischen Charakter vermuten. Auch Niedergeschlagenheit kann sich dahinter verbergen.

Die Bewegungsweite

Den unmittelbaren Umraum des Körpers, dessen Umkreis man mit normal ausgestreckten Gliedmaßen, ohne Veränderung des Standortes, erreichen kann, nennt man Kinesphäre. Niemand kann seine Kinesphäre verlassen. Außerhalb dieser Reichweite liegt der allgemeine Raum. Der Raum, den man innerhalb seiner Kinesphäre benutzt, heißt persönlicher Raum oder subjektive Kinesphäre. Den möglich nutzbaren Raum bis an die Bewegungsgrenzen nennt man objektive Kinesphäre.

Die weit ausgreifende Bewegung, also die volle Ausnutzung der Kinesphäre, zeugt von viel innerer Antriebskraft, entlarvt aber auch den Angeber und Geltungssüchtigen. Manch große Bewegung bleibt ungesteuert und hat etwas Hastiges, Zielloses an sich. Die betreffende Person wirkt fahrig oder aufgeregt, kann aber auch ganz einfach zornig oder unbeherrscht sein. Führt jemand ganz in Ruhe seine Bewegung bis ans Ende seiner Kinesphäre, so hat diese Bewegung etwas Imponierendes an sich. Das Zeichen als solches ist weithin für alle sichtbar und zeugt von einer selbstsicheren Person, die dieses Zeichen gibt.

Eine unscheinbare, kleine Bewegung wirkt immer zurückhaltend, unauffällig und schüchtern. Es kann sich hierbei auch um einen Menschen handeln, der seine Gefühle immer beherrschen möchte und sich ständig selbst kontrolliert. Besonders verdächtig wird dies, wenn die Bewegung als solche eigentlich eine an sich ausgreifende Bewegung nahelegen würde.

Distanzzonen

Amerikanische Forscher unterteilen persönliche Reviere in unterschiedliche Distanzen:

1. *Die öffentliche Distanz*
   Sie beträgt mehrere Meter. Ein Sprechender vor seinem Auditorium wahrt zumeist die öffentliche Distanz.

2. *Die gesellschaftliche Distanz*
   Ein bis zwei Meter; z. B. am Amtsschalter. Oft finden wir hier künstliche Barrieren zwischen den Partnern errichtet.

3. *Die persönliche Distanz*
   Sie beträgt etwa einen Meter. Die persönliche Distanz erlaubt bereits eine Überschneidung von Revieren. Wir können die Hand reichen, vertrautere Unterhaltungen führen; Nähe ist daher nur erlaubt, wenn man sich auch im übertragenen Sinn nähersteht.

4. *Die intime Distanz*
   Sie beträgt etwa 0 bis 40 Zentimeter und ist oft mit körperlichem Kontakt verbunden. Die Reviere überlagern sich hier, und je näher man zum

Nachbarn rückt, desto mehr beansprucht man das andere Revier. Die intime Distanz ist Kennzeichen der höchsten Steigerungsform der Liebe sowie des Zweikampfes.

Anhand von den verschieden ausgeprägten Distanzen läßt sich die Natur der Beziehungen zwischen Menschen ablesen. Man kann daraus erkennen, mit welchen Absichten sich Personen einander nähern.

Es gibt Menschen, die ständig in fremde Reviere, in fremde Körperzonen eindringen, meist mit weiten Bewegungen und ausladenden Gesten in dieser Richtung.
Diese Personen klopfen jemandem auf die Schulter, geben sich plump-vertraulich, beanspruchen viel Platz in fremden Lebensräumen und greifen gerne nach persönlichen Gegenständen. Sie sagen damit ihrem Gegenüber: „Sie sind für mich Nebensache."

Jeder Mensch will ein bestimmtes Revier für sich alleine haben, die anderen haben diesen Persönlichkeitsraum zu respektieren und sollten ihn möglichst nicht verletzen.

Ob ein Mensch zu Ihnen Vertrauen gewinnt oder nicht, hängt im wesentlichen davon ab, wie weit Sie in den persönlichen Nahbereich des anderen vordringen. Wer gegen diese natürlichen Zusammenhänge verstößt, zeigt, daß es ihm an Takt und an der richtigen Einschätzung der Persönlichkeit des anderen fehlt. Abwehr und Rückzug bleiben nicht aus.

Die Verlaufsform einer Bewegung

Man unterscheidet die exakt-gerade Bewegung und gerundete Bewegung oder die eckig-abgehackte Bewegung und rund-fließende Bewegung.

Die exakt-gerade Bewegung mittlerer Geschwindigkeit läßt auf innere Steuerung und großen Willen schließen, sie wirkt eher kühl-berechnend als gefühlsbetont.

Die Aneinanderreihung exakt-gerader Bewegungen führt zu einer eckigen Gesamtbewegung, die auf hohe Konzentration, Vorsicht, Zögern oder gar Mißtrauen schließen läßt.

Die runde Bewegung beinhaltet sehr viel Gefühl. Hierbei ist der innere Wille nicht sehr stark ausgebildet, und die Bewegung nimmt einen harmonischen, dem erregenden Impuls absolut angemessenen Verlauf. Die Gesamtbewegung ist fließend und weich und läßt auf eine starke gefühlsmäßige Beteiligung schließen.

Der Bewegungsrhythmus

Wir kennen eine rhythmisch sich wiederholende Bewegung, eine rhythmisch gestörte Bewegung und eine getaktete Bewegung.

Bei der rhythmischen Bewegung wechseln sich Spannung und Lösung gleichmäßig ab, die einzelnen Bewegungen fließen gleichsam ineinander über.

Störungen im rhythmischen Ablauf machen sich durch Stolpern, Anecken und abgebrochene Bewegungen bemerkbar. Man meint, einen gewissen Zwiespalt in der Person fühlen zu können, eine innere Unsicherheit.

Bei einer getakteten Bewegung wiederholt sich exakt immer wieder das gleiche. Das beste Beispiel hierfür ist der straffe, militärische Marschschritt. Im Rhythmus kehrt das Ähnliche in vergleichbaren Zeitabständen immer wieder, der Takt dagegen ist starr geregelt und zeigt immer wieder exakt das gleiche.

Die Variationsbreite

Wir unterscheiden den Formenreichtum und die Vielfältigkeit der Bewegung von der Formenarmut und der eintönigen, monotonen Bewegung. Formenreichtum läßt auf eine große Erlebensbreite und Aufgeschlossenheit schließen.

Auch momentane Freude oder eine positive Lebensgrundstimmung drückt sich in vielfältigen Bewegungsformen aus.

Formenarmut beinhaltet meist eine geringe Aufgeschlossenheit gegenüber anderen ohne echte gefühlsmäßige Anteilnahme. Ist man gedrückter Stimmung und niedergeschlagen, so kann dies ebenfalls eine äußerst eintönige Bewegungsweise bewirken.

Die Häufigkeit des Formenwechsels

Die Frage, ob das Gestik- und Mienenspiel stark oder wenig bewegt ist, ist nicht zu verwechseln mit der Variationsbreite.

Ein stark bewegtes Mienenspiel oder die rasche Folge der Ausdrucksformen allgemein zeigt die Schnelligkeit in der Aufnahme von äußeren Eindrücken und von inneren Erlebnissen an.

Ein wenig bewegtes Mienenspiel oder ein seltener Wechsel der allgemeinen Ausdrucksformen verweist auf stete Gleichheit der inneren Vorgänge.

Vorsicht! Verwechseln Sie diesen Punkt nicht mit der Monotonie der Bewegungen. Eine Bewegung kann zwar selten wechseln und damit wenig bewegt sein, aber dennoch immer wieder verschiedenartige Ausdrucksformen hervorbringen, also eine große Variationsbreite haben. Auf jeden Fall wichtig ist es, die Gesamtsituation, aus der heraus die Bewegung erfolgt, zu beobachten und dann erst ein Urteil zu fällen.

Ebenso wichtig sind die Begleitumstände, da die Körpersprache immer komplex gesehen werden muß! Situation und Disposition tragen das Ihre zu den Äußerungen und Bewegungen bei. Befinden Sie sich in einem Leistungshoch, wird Ihre Körpersprache anders aussehen, als wenn Sie sich gesundheitlich nicht wohlfühlen oder gerade eine seelische Krise durchmachen.

Erst die häufige Wiederholung und eine Bestätigung von verschiedenen Seiten her gewährleisten Ihnen eine sichere Einordnung der Bewegung. Achten Sie immer auf jedes noch so kleine Zeichen.

Die Erscheinungs-formen der Körpersprache

Die Körperhaltung

Allgemeines

Ein Mensch mit großer Aufgeschlossenheit gegenüber seiner Umwelt, frei von irgendwelchen Zwängen und mit natürlichem Selbstvertrauen ausgestattet, hat zumeist auch eine gute, ganz zwanglose Haltung.

Fühlt er sich nicht wohl oder sucht er Distanz zu seinen Mitmenschen, so wird er seine Haltung versteifen. Befangenheit oder Angst machen sich ebenfalls durch Verspannungen bemerkbar.

Recht empfindsame Menschen, die sich durch eine scheinbare „Festigkeit" vor ihren Mitmenschen schützen möchten, verschanzen sich meist förmlich hinter einer ständig angespannten Haltung.

Ausgeprägte Individualisten und rücksichtslose Erfolgsmenschen zeigen diesen Schutzpanzer des öfteren.

Ein gekrümmter, nach vorne gebeugter Rücken ist immer ein Anzeichen für Unterwerfung und Demut. Das Zusammensacken des Rückens, das auch für Depressionen charakteristisch ist, übermittelt Signale des Dominanzverlustes, indem es den Körper kleiner macht.

Eine Extremform wäre der wirklich schlappe, gekrümmte Rücken, der anzeigt, daß sich hier jemand sowohl innerlich als auch äußerlich „hängenläßt".

Es ist bezeichnend, daß gerade auch, was unsere Haltungsweise betrifft, viele treffende Worte in unsere Sprache hineingewachsen sind. Um hier nur einige aufzuzählen, seien genannt:
Menschen, die den Dingen „gerade ins Gesicht sehen“, Lasten, die den Menschen „beugen“, Menschen „ohne Rückgrat“ und „gedrückte Stimmung“.

Häufig eingenommene Körperhaltungen sind auch folgende: z. B. eine Hand in der Hosentasche, die Hände auf dem Rücken verschränkt oder die Arme vor der Brust gekreuzt.
Alle diese Haltungen sind sogenannte Selbstkontakte, die uns mehr Sicherheit und Behagen vermitteln. Verbunden mit Anzeichen innerer Angespanntheit geben sie uns einen Hinweis auf wenig Selbständigkeit und Selbstvertrauen – und sei es nur momentan – auch auf das Bedürfnis, sich lieber unauffällig in die Gruppe einreihen zu wollen als hervorzustechen.

Häufig zu beobachten ist diese Haltung, wenn eine Gruppe beieinandersteht, ganz besonders bei Anwesenheit eines Vorgesetzten.

Schultern und Oberkörper

Normalerweise, wenn wir ruhig und gelassen sind, halten wir die Schultern unten und hinten. Wir ziehen sie hoch und nach vorne, in Verbindung mit einem leicht gekrümmten Rücken, wenn wir uns bedroht fühlen und Angst haben oder auch ganz einfach nur unruhig sind.

Der fröhliche und selbstsichere Mensch läßt seine Schultern gesenkt und gerade. Das Zurücknehmen oder Nach-hinten-Drücken der Schultern ist ein Zeichen der Kraft und Überlegenheit, man ist von sich selbst überzeugt.

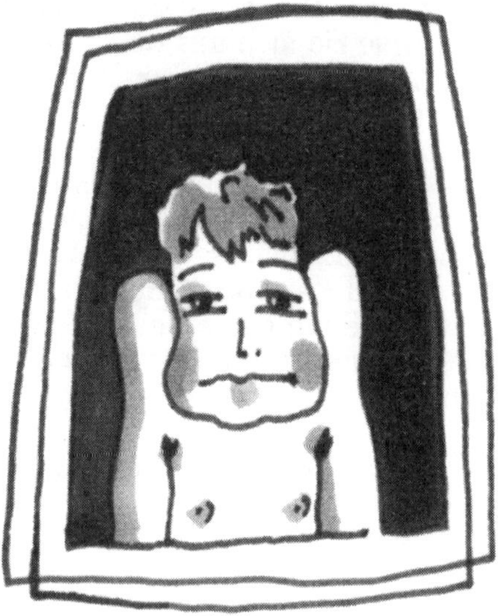

Hängender Kopf und hochgezogene Schultern – diesen Mann bedrückt etwas.

Wölbt sich auch der Brustkorb nach vorne, so spricht man von „Sich-Brüsten“ oder „Sich-in-die-Brust-Werfen“: Hier fühlt sich jemand überlegen.

Wenn wir fürchten, gleich „etwas auf den Deckel zu bekommen“, so ziehen wir den Kopf automatisch ein und die Schultern hoch, um uns zu schützen. Diese Haltung zeugt von Unsicherheit und Angst und läßt sich entweder aus der jeweiligen Situation heraus erklären, oder aber sie ist bereits zur Dauerhaltung geworden, die sich aus einer ständig andauernden Beängstigung heraus entwickelt hat; z. B. der Angst eines Kindes vor einem Elternteil.

Nach vorn fallende Schultern sind ebenfalls ein Anzeichen für Minderwertigkeitsgefühle oder Komplexe. Zwei weitere Schulterhaltungen lassen sich auf defensive Haltung zurückführen: das Achselzucken und das Beben der Schultern sieht man meist im Zusammenhang mit dem Lachen; es ist Teil eines Furchtelements unserer Vergangenheit.

Wiederholtes Heben und Senken der Schultern bedeutet, daß hier zwar Angst vorhanden ist, diese aber nicht ernsthafter Natur ist.

Das Achselzucken hat einen ähnlichen Ursprung. Es ist meist von einer bittenden Handgeste (Handflächen werden nach oben gehalten) begleitet, die Mundwinkel senken sich nach unten, die Augen weichen dem Blick des anderen aus. All diese Bewegungen machen dem Gegenüber das Eingeständnis, daß man sich der Situation nicht gewachsen fühlt und resigniert.

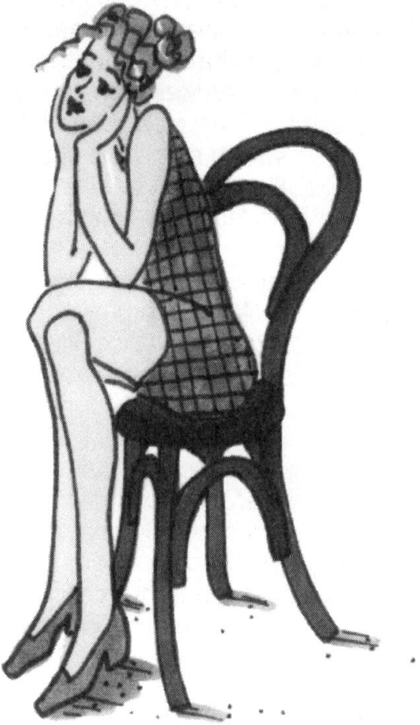

Innere Anteilnahme zeigt der zur Seite geneigte Kopf.

Der Kopf

Eine aufgerichtete Kopfhaltung zeugt von Selbstsicherheit und Handlungsbereitschaft. Ist die Kopfhaltung aber bereits übertrieben hoch, so wirkt diejenige Person überheblich und unnahbar. Das ruckartige Hochwerfen des Kopfes ist ein Zeichen der Überraschung; man sieht es am häufigsten als freundliche Begrüßung eines Bekannten aus gewisser Entfernung. Das Hochwerfen des Kopfes dient außerdem als Zeichen des Verstehen („Ach ja!").

Ein zur Seite geneigter Kopf bedeutet Aufgeschlossenheit und innere Anteilnahme. Diese Kopfhaltung ist oft zu beobachten, wenn zwei Menschen miteinander flirten oder einer dem anderen sein Beileid bekundet.

Das „Wiegen" des Kopfes ist ein Signal für „gemischte Gefühle". Hier ist jemand unentschlossen und etwas vorsichtig. Daher ist oft gleichzeitig ein Hochziehen der Schultern zu beobachten. Ein völlig spannungslos nach unten hängender Kopf ist typisch für Willenlosigkeit und Hoffnungslosigkeit. Man „läßt den Kopf hängen".

Das Neigen des Kopfes nach unten mit gleichzeitig nach unten gehendem Blick ist die abgeschwächte Form einer Demutshaltung. Neben ihrer wichtigsten Funktion als Begrüßungssignal gibt es die Kopfverneigung auch als Verabschiedungssignal und um Dankbarkeit oder Zustimmung (Kopfnicken) auszudrücken. Durch das Senken des Kopfes wird die Umwelt ausgeschlossen. Man macht sich selbst kleiner und ist somit unterwürfig oder deprimiert.

Ein ruckartiges kurzes Kopfsenken dient meist zur Betonung des ausgesprochenen Wortes. Es wirkt fast so, als schlüge man mit jedem erneuten Kopfsenken symbolisch mit der Faust auf den Tisch. Dieses Senken des Kopfes kommt einem unausgesprochenen „Da hast Du es!“ gleich.

Das Abwenden des Kopfes vom Partner bedeutet meist Ablehnung und ist eine stumme Beleidigung. Der soziale Kontakt mit dem Gegenüber wird abgelehnt.

Weitere Einzelheiten zu den verschiedenen Kopfhaltungen können Sie in dem Kapitel Mimik – Augen nachlesen.

Das Stehen

Stehen ist für uns so zur Gewohnheit geworden, daß wir kaum mehr darüber nachdenken, wie lange doch die Entwicklung vom Vier- zum Zweibeiner gedauert hat. Stehen ist eine ständige Auseinandersetzung mit der Schwerkraft und erfordert einen koordinierten Umgang mit Gleichgewicht oder Balance. Unser Körperschwerpunkt befindet sich etwas unterhalb der Nabelregion, nahe der Wirbelsäule. Schwere Körperteile wie Kopf und Rumpf sind oben gelagert, die Basis, die das Gewicht trägt, die Füße, ist verhältnismäßig klein.

Durch diese Art der Gewichtsverteilung ist das ständige Ausbalancieren notwendig, es erlaubt aber auch einen großen Bewegungsspielraum.

Die sprachliche Verwendung des „Stehens“

Schon von Kindheit an hören wir eine Vielzahl von Befehlen, die sich mit dem Stehen beschäftigen: „halte dich gerade“, „steh still“, unfolgsame Kinder werden in der Schule damit bestraft, „in der Ecke zu stehen“.

Die Energieform des Stehens treffen wir in Begriffen an wie „auf den eigenen Beinen stehen“, „jemand ist selbständig“, „man steht seinen Mann“, „man kann widerstehen“ oder gar einen „Aufstand machen“. Wir können „wie ein Fels in der Brandung“ stehen, aber auch „wie ein Fragezeichen“.

Die verschiedenen Haltungen im Stehen

Unsere Beine sind den meisten Menschen nur wenig bewußt. Sie tragen uns wie selbstverständlich und erwecken nur dann unsere Aufmerksamkeit, wenn sie zu versagen drohen.

Wir unterscheiden im wesentlichen drei Grundstellungen: Beine auseinander, geschlossen und das Stehen auf einem Bein.

Wer fest auf beiden Füßen steht, mit etwa gleichmäßig verteiltem Körpergewicht, in den Knien locker, steht im wahrsten Sinne des Wortes „mit beiden Beinen im Leben“. Wir haben hier einen ausgeglichenen und selbstsicheren Menschen vor uns stehen. Betont breitbeinig steht, wer ein ausgeprägtes Bedürfnis nach Selbstbehauptung hat.

Oft wird mit dieser Haltung auch ein Gefühl der Bedrohung überkompensiert.

Er steht fest „mit beiden Beinen im Leben".

Alle geschlossenen Beinhaltungen wirken auf gewisse Weise förmlich und steif. Sie verleihen einen Hauch „gehemmter Korrektheit".

Das Stehen auf einem Standbein bei nicht zu häufigem Stellungswechsel läßt auf Anpassungsfähigkeit und ein lebhaftes Wesen schließen. Diese Art des Stehens entbehrt im Gegensatz zum beidbeinigen Stehen etwas „Standfestigkeit". Wird das Standbein häufiger gewechselt, so ist dies ein Zeichen für Labilität, Mangel an Durchsetzungskraft und Unsicherheit. So mancher „tritt von einem Bein aufs andere" und verrät dadurch seine Schwäche.

Ein-Nach-oben-Wippen auf die Fußballen läßt ebenfalls auf mangelnde Standfestigkeit schließen. Dieses Wippen scheint die Vorbereitung für eine aktive Bewegung nach vorne zu sein und zeigt Aggressivität und Überheblichkeit. Achten Sie einmal darauf, wie oft sie dies bei Politikern oder anderen Rednern beobachten können.

Das Sitzen

Die Position Sitzen ist ursprünglich eine Übergangsposition zwischen Stehen und Liegen, in der man Ruhe und Rast für neues Handeln sucht. Diese Funktion des Ausruhens kann man noch sehr gut bei Kindern beobachten, die umhertollen, bis sie müde werden, und sich dann niederlassen, um neue Kräfte zu sammeln, bevor sie wieder umhertollen. In unserer Gesellschaft ist das Sitzen meist zur dominierenden Körperhaltung in unserem Tagesablauf geworden. Vom Frühstück über die

Fahrt zur Arbeit, einer sitzenden beruflichen Tätigkeit am Schreibtisch, bis hin zu Heimfahrt, Sitzen beim Abendessen, vor dem Fernseher.

Die sprachliche Verwendung des „Sitzens“

Wir können etwas besitzen, oder haben uns „an einer Sache festgesetzt“. Wir versetzen uns in die Lage eines anderen, sitzen „zwischen zwei Stühlen“ oder haben uns „in die Nesseln gesetzt“.

Die verschiedenen Haltungen im Sitzen

„Stühle sind die Stützen der Gesellschaft“, schreibt Rudofsky. Er betrachtet unser Anlehnungsbedürfnis als kulturelles Gebrechen. Heutzutage ist in unserer Gesellschaft das Sitzen am Boden allgemein verpönt.

Ein nicht zu unterschätzender Nebeneffekt des Sitzens auf einem Stuhl ist, daß durch den Stuhl jetzt größere Abstände zwischen den einzelnen Sitzenden entstehen. Das Berühren des Nachbarn wird damit vermieden. In öffentlichen Verkehrsmittel werden zuallererst immer die einzelnen Sitzplätze belegt sein. Erst wenn man keinen freien Stuhl mehr finden kann, wird man sich auf eine Bank setzen und nach Möglichkeit sein Gepäck gleich auf den freien Sitzplatz neben sich stellen, um den Nachbarn auf Abstand zu halten.

Bein- und Fußhaltung im Sitzen

Wenn jemand zum Sitzen die Beine auseinander nimmt, breit und bequem sitzt und die gesamte Sitzfläche beansprucht, so ist er sehr von sich überzeugt und unbekümmert. Oft grenzt diese Sitzweise schon an eine gewisse Flegelhaftigkeit.

Übereinandergeschlagene Beine – eine typisch weibliche Sitzhaltung.

Die Sitzhaltung mit überkreuzten Beinen wirkt ungezwungen und läßt Geborgenheit vermuten.

Ebenso wie die geschlossene Beinhaltung beim Stehen wirkt auch die Sitzweise mit geschlossenen Beinen zu förmlich, ja sogar ängstlich und penibel korrekt.

Den verschiedenen Sitzpositionen kann man auch eine geschlechtsspezifische Wertung zukommen lassen. Frauen ist grundsätzlich weniger Platz, weniger Raum zum Sitzen gestattet. Die Beine sollten möglichst geschlossen sein, typisch ist die „Rock-Sitzhaltung" mit übereinandergeschlagenen Beinen. Männer neigen eher dazu, breitbeinig zu sitzen, oder sie legen sogar ganz demonstrativ den Knöchel des einen Beines auf das Knie des anderen Beines. Je entspannter und lockerer „man(n)" sitzt, desto höher die Machtposition. Bei der Frau wird dasselbe Verhalten meist als sexuell einladende Geste interpretiert. Auf den Gedanken, daß auch Frauen dadurch Macht demonstrieren könnten, kommt man erst gar nicht.

Je unbehaglicher Sie sich fühlen, je ungeduldiger Sie werden, desto mehr rutschen Sie auf die Stuhlkante vor. Es handelt sich hierbei sozusagen um ein Mittelding zwischen Sitzen und Stehen: Sie halten Ihre Beine und Füße bereit, um jederzeit aufstehen und gehen zu können. Diese Haltung ist typisch für unsichere und ängstliche Menschen.

Besonders häufig zu beobachten ist diese Sitzhaltung in öffentlichen Verkehrsmitteln kurz vor einer Haltestelle.

Das Sitzen auf der Vorderkante des Stuhles kann auch besondere Zuwendung zum Partner oder zu einer Sache bedeuten. Sie möchten ganz „dasein" und sind besonders interessiert. Oft zu sehen ist diese Haltung bei Vorträgen, wenn es um brennend interessante Themen geht.

Wenn jemand in seinem Stuhl versinkt, kann das darauf hinweisen, daß seine gesamte körperliche Spannung vermindert ist. Kraft und Energie zum Davonlaufen fehlen. Vielleicht ist diese Person sogar ausgesprochen depressiv.

Wenn wir uns mit der Körpersprache der Füße beschäftigen, so ist eine bemerkenswerte Tatsache zu vermerken: Die Füße sind der ehrlichste Teil des menschlichen Körpers. Der Grund dafür ist, daß wir nur selten daran denken, was unsere Füße gerade tun.

Wenn wir anderen Menschen gegenüberstehen, so konzentrieren wir uns in der Hauptsache auf ihr Gesicht, und wir wissen, daß sie sich auf das unsere konzentrieren. Die Füße, weit weg von der entscheidenden Gesichtsregion, sind sich selbst überlassen, und gerade deshalb lohnt es sich, sie genauer zu beobachten.

Jemand, der anscheinend völlig entspannt auf seinem Stuhl sitzt, ruhig und gelassen scheint, hat seine Füße fest umeinandergelegt, so als klammerten sie sich schutzsuchend aneinander. Vielleicht klopft er auch, fast unmerklich, mit einem Fuß auf den Boden oder beginnt mit einem Fuß auf- und abzuwippen, so als wolle er fliehen. Sehr viele

Vortragende wippen mit den Füßen, heben die Fersen an und senken sie wieder, klopfen auf der Stelle und treten, so als suchten die Füße eine Möglichkeit, vor der Zuhörerschaft flüchten zu können.

Typisch für ein Kind, das Rede und Antwort stehen muß, ist das Scharren und Schlurfen. Die Füße signalisieren durch ihre unregelmäßigen Drehungen und Wendungen, daß sie sich eigentlich davonschleichen möchten.

Die Fortbewegungsart

Die wichtigsten Bewegungsmerkmale des Gehens sind: Die Schnelligkeit, die Schrittweite, der Spannungsgrad, mit dem wir gehen, und die mit unserem Gang gekoppelten Bewegungen des übrigen Körpers.

Das normale rhythmische Gehen wird meist auch als Spazierengehen bezeichnet. Wir machen ca. einen Schritt pro Sekunde, Anspannung und Lösung der Spannung wechseln sich ab und ergeben ein beschwingtes, ausgeglichenes Gangbild.

Mischt sich etwas mehr Zielstrebigkeit in unseren Spaziergang, so wird das Gehen taktmäßiger. Die Schritte werden größer, meist auch geradliniger. Paradebeispiel des taktmäßigen Gehens ist das Marschieren – ein straffer, vorwärtsdrängender Gang einer Person, die weiß, was sie will – vorausgesetzt, man begegnet diesem Gangbild außerhalb des Militärs.

Wird unser Spaziergang langsamer und ist keine bestimmte Richtung, keine Zielstrebigkeit mehr erkennbar, so spricht man von „Schlendern“ oder auch „Bummeln“. Das Schlendern läßt eindeutig erkennen, daß unser Spaziergänger viel Zeit hat, man könnte es auch als eine Form des „mobilen Herumlungerns“ bezeichnen. Vielleicht liest man sogar ein Buch nebenbei oder ist tief in Gedanken versunken.

Noch langsamer wird der „Trödler“, der eigentlich schon gar nicht mehr vorwärtskommen will und tatsächlich auch jede Gelegenheit zum Stehenbleiben nutzt.

Wer schnell geht, kündigt an, daß er, wenn er es schon nicht besonders eilig hat, zumindest genau weiß, was er will. Er bemüht sich, seine Absicht schnell in die Tat umzusetzen. Das Tempo ist abhängig vom Temperament eines Menschen.

Weites Ausschreiten mit ungewöhnlich langen Schritten ist typisch für Männer von hohem Rang. Es wirkt sehr energisch und zielstrebig. Betont große und langsame Schritte demonstrieren uns eine kraftvolle und starke Persönlichkeit.

Kurze, kleine Schritte sind meist einer eher introvertierten Personen eigen – man findet kleine Schritte häufiger bei Frauen als bei Männern. Nervöses Trippeln mit sehr kleinen und schnellen Schritten zeugt von Ängstlichkeit bewußter oder unbewußter Art. Es kann sich auch um eine affektiert zur Schau getragene Gewissenhaftigkeit handeln.

Eine in sich ruhende, selbstsichere Persönlichkeit wird sich mit einem ebenso würdevollen Schritt fortbewegen.

Eitelkeit, Überheblichkeit und Geschäftigkeit drükken sich auch im Gang aus. Diese Fortbewegungsweise hat etwas Theatralisches an sich; man „stolziert" und bewegt auch die Arme in großen, übertriebenen Bewegungen.

Ein Mensch, der sich mit schleppendem, schlurfendem Schritt bewegt, macht den Eindruck einer trägen und faulen Person.

Unsere Umgangssprache beinhaltet eine Vielzahl von Wörtern für die verschiedenen Gangbilder, so zum Beispiel stapfen, latschen, watscheln, schleichen, trotten, schreiten und andere mehr – immer verknüpfen wir damit ein Gesamtbild des Gehenden, das die Absicht seiner Fortbewegung nur allzu deutlich erkennen läßt. So wird ein schleichender oder trottender Mensch niemals den Eindruck einer tatkräftigen, selbstsicheren Persönlichkeit erwekken.

Gestik

Die Arme

Das Herabhängen der Arme ist die neutrale Haltung. Die Armmuskulatur ist leicht angespannt in ständiger Bereitschaft zum Handeln.

Schlaff herabhängende Arme ohne jegliche Spannung signalisieren Passivität.

Das Hochhalten der Arme ist die typische Triumph- und Siegergeste. Das Heben der Arme läßt uns größer erscheinen und macht uns auffällig.

Die Geste dieses Künstlers ist eine symbolische Umarmung des Publikums.

Die Haltung der ausgebreiteten Arme ist eine zur Umarmung einladende Geste. Die gleiche Geste sehen wir auch bei einem Künstler; er breitet seine Arme aus, und die Zuschauer antworten ihm mit Applaus.

Das Klatschen der Hände ist in seinem Ursprung eine stark modifizierte Form der „leeren Umarmung", bei der das Gefühl des Umarmtwerdens in das Geräusch einer symbolischen Umarmung umgewandelt wurde.

Die Haltung mit vorgestreckten Armen kann eine Fülle von Signalen übermitteln: Ablehnung, wenn die Handteller nach vorne zeigen, eine Bitte, wenn die Handflächen nach oben gehalten werden, Aggression bei geballten Fäusten.

Das Aufstützen der Arme in den Hüften sowie das Abstützen des Oberkörpers mit den Händen nach unten bedeutet ein Bedürfnis nach Festigung. Oft wird diese Geste als Demonstration einer Herausforderung verwendet.

Wir benutzen unsere Arme als eine Art Körperflagge, um über größere Entfernungen Signale zu geben. Beim Kontakt von Mensch zu Mensch ist unser Arm oft im Mittelpunkt: Wenn wir die Aufmerksamkeit einer uns fremden Person auf uns lenken wollen, so tippen wir diese leicht am Arm. Würden wir hingegen Taille, Brust oder Kopf berühren, wäre unsere Handlung sofort verdächtig. Die Arme sind in dieser Hinsicht der neutralste Körperteil.

Die Hände

Mit den Händen geben wir unseren Mitmenschen eine ganze Reihe von Signalen. Die meisten Handbewegungen werden allgemein gebraucht und in bestimmten Situationen ganz unbewußt ausgeführt. Wir merken gar nicht, daß wir gestikulieren und können uns hinterher nur sehr ungenau daran erinnern, daß wir mit unseren Gesten unseren Mitmenschen sehr deutliche Informationen gegeben haben.

Er möchte den Gesprächspartner einnehmen.

Am sichersten scheinen unsere Hände unter den Achseln geborgen zu sein, deshalb verstecken ängstliche Menschen sie dort. Andere nehmen Hände und Unterarme auf den Rücken, um sich mit einer Hand am Gelenk der anderen festzuhalten (Selbstkontakt!).

Das Zurücknehmen der Hände kann jedoch auch eine Geste des selbstsicheren Abwartens sein, bei Menschen, die sich ihrer Überlegenheit bewußt sind. Häufig zu beobachten ist diese Geste daher bei Polizisten oder Lehrern. Wer die Arme auseinander nimmt und dabei die Handflächen nach oben hin öffnet, will, daß Sie etwas in die offenen Hände legen. Er möchte etwas „einnehmen", und sei es nur den Partner im Gespräch. Etwas nehmen wollen auch diejenigen, die beide Hände wie ein Dach, die Handrücken nach oben, nach vorne strecken. Hier will jemand Besitz ergreifen. Sehr deutlich wird diese Geste, wenn jemand beim Gruß Ihre Hand ergreift und dann seine Linke über die beiden sich begrüßenden Hände legt.

Die erhobene oder vorgestreckte Hand bedeutete ursprünglich, daß man keine Waffe verbarg. Auch heute noch dient diese Geste zur Demonstration von Friedlichkeit. („Ich halte nichts in den Händen verborgen!") und ist sehr oft mit einem Anheben der Schultern verbunden (Schutzreaktion). Sind allerdings die Hände sehr gespannt und die Finger gespreizt, so ist es eine Geste der aktiven Abwehr, wir möchten den anderen förmlich wegstoßen.

Wird die Handfläche von innen nach außen gedreht, so ist dies die typische Geste des Resignierens, oft mit einem gleichzeitigen Hochziehen der Schultern verbunden. Wird diese Bewegung ruckartig ausgeführt, hat sie wieder abwehrenden Charakter: „Laß mich doch in Ruhe!“

Wer die Fäuste ballt, ist körperlich sehr angespannt. Anlaß ist vielleicht ein kleiner Ärger oder die Bemühung um Konzentration. Die Faust ist auch ein Zeichen dafür, daß sich jemand zum Kampf bereitmacht. Kann man dem anderen nicht an den Kragen, so entlädt sich die angestaute Energie auf den nächstgelegenen Gegenstand: Vielleicht schlägt man mit der Faust, manchmal auch mit der flachen Hand, auf den Tisch. Auch plötzliche Überraschung führt gelegentlich zu solchen Reaktionen – nicht selten landet der Schlag dabei auf dem eigenen Oberschenkel.

Ein betont langsames Zusammenführen der Hände demonstriert Unwillen und Ungeduld.

Legt Ihr Gegenüber die Fingerspitzen zusammen, so als wollte er die Hände zum Gebet falten, bleiben jedoch die Handflächen selbst voneinander entfernt, dann Vorsicht! Hier fühlt sich Ihnen jemand überlegen, vielleicht ist er sogar äußerst überheblich.
Innere Konflikte zeigen sich immer in besonders zahlreichen Gesten. Selbstkontakte, wie z. B. ein Kratzen am Kopf, ein Zupfen am Ohr oder ein Reiben am Nacken sind häufig. Verlegenheitsgesten führen fast immer zum Mund oder zumindest in diese Richtung. In diesem Fall stoppen die Hände vielleicht in Halshöhe, oder man faßt sich an die Nase.

Auch das Spielen mit Gegenständen oder der Hände mit sich selbst weist immer auf innere Spannungen hin. Aus einem Gefühl von Hilflosigkeit heraus will man sich an irgend etwas festhalten, z. B. an einem Knopf, am eigenen Rocksaum, dem anderen Handgelenk oder an einem Gegenstand, der sich gerade in greifbarer Nähe befindet.

Der Händedruck

Das Händeschütteln gehört zu einer bei uns üblichen Begrüßungsformalität. Wenn Sie kritisch beobachten, werden Sie bald unzählige Unterschiede feststellen.

Wer zu spontan und scheinbar herzlich die Hand des anderen ergreift, drückt damit fast immer Besitzverlangen aus. Es kann sich hierbei um materielle Dinge handeln oder um die betreffende Person selbst.

Eine zu lange festgehaltene Hand deutet auf ähnliche Wünsche hin. Es kann aber sein, daß der lange Händedruck auch Mitgefühl äußert.

Liegt etwas Besitzergreifendes in der Art, wie jemand Ihre Hand ergreift und festhält, so haben Sie es mit jemandem zu tun, der weiß, was er will. Ist der Händedruck etwas starr, so daß Sie Ihre Hand an die seinige anpassen müssen, so weiß auch diese Person genau, was sie will, und verlangt die Anpassung von Ihnen.

Besitzergreifend wirkt diese Art des Händedrucks.

Kann sich jemand an andere Personen anpassen, weiß aber dennoch, was er selbst will, so wird dieser Händedruck zwar fest sein, aber so, daß sich seine Hand der Ihren anpaßt. Ein lascher Händedruck, bei dem man glaubt, gar nichts in der Hand zu haben, läßt auf wenig eigenen Willen schließen.

Allerdings geben und empfangen wir so unzählig viele Händedrücke, erleben eine so große Variationsbreite, daß man hierbei keine präzisen Zusammenhänge herstellen kann – Sie sind größtenteils auf Ihr Einfühlungsvermögen angewiesen.

Wichtig ist, daß Sie kritisch beobachten und urteilen, so daß Sie bald das richtige Gefühl dafür bekommen, inwieweit Sie Ihrem ersten intuitiven Eindruck vertrauen dürfen.

Betrachten Sie in Zusammenhang mit dem Händedruck auch immer andere Gesten und die Mimik ihres Gegenübers.

Mimik

Augenbrauen und Stirnfalten

Die Bewegungen der Stirnmuskulatur werden im wesentlichen von der Aktivität der Augen bestimmt.

Jeder Mensch besitzt ein ganz charakteristisches Stirnrunzelmuster. Mit zunehmendem Alter erstarren zeitweilige Linien unseres Gesichtsausdrucks, und die Hautfalten graben sich in die Hautoberfläche ein.

Senken sich unsere Augenbrauen, so wirft die dazwischenliegende Haut kurze, senkrechte Falten über der Nasenwurzel. Sie wurden früher als „Willensfalten" bezeichnet, etwas treffender ist vielleicht die Bezeichnung „Konzentrationsfalten". Die senkrechten Stirnfalten bilden sich vor allem in zwei typischen Situationen: bei Aggressivität oder wenn jemand in die Defensive geht.

Unter Aggressivität kann man zum einen Ärger, Wut, Entschlossenheit und Kampfbereitschaft verstehen, zum anderen ein konzentriertes Nachdenken zur Bewältigung einer schweren Aufgabe. Geht man in die Defensive, so möchte man den größtmöglichen Schutz für die Augen erreichen, solange diese geöffnet sind.

Fällen Sie allerdings bitte kein vorschnelles Urteil, der auslösende Reiz kann auch ganz einfach nur stark blendendes Licht sein.

Waagerechte Stirnfalten bilden sich beim Heben der Augenbrauen. Im allgemeinen Sprachgebrauch ist das die „gefurchte Stirn“. Die Augen sind hierbei maximal geöffnet: bei Erschrecken, Überraschung, Verwunderung, Ungläubigkeit oder auch bei plötzlichem Begreifen (Aha-Effekt!). Werden die Augenbrauen absichtlich und sehr betont hochgehoben, so ist das ein Anzeichen für Hochmut und Arroganz. Schnellen die Augenbrauen förmlich empor und senken sie sich daraufhin gleich wieder, so handelt es sich um ein Begrüßungssignal oder um eine angenehme Überraschung.

Ineinanderfließende Stirnfalten, die waagerecht und senkrecht zugleich sind, machen den Eindruck einer wirr durchfurchten Stirn. Sie sind der sichere Ausdruck einer irgendwie gearteten „inneren Not“. Zu beobachten sind diese Stirnfalten bei Bedrängnis, bei Hilflosigkeit, bei besonders ängstlichen Menschen oder bei Melancholikern. Auch Kinder zeigen diese Art der Stirnfalten sehr oft, bevor sie zu weinen beginnen.

Die Augen

Die Augen sind ein besonders wichtiges Organ. Nicht nur, weil sie uns etwa 80 Prozent unserer

Sinneseindrücke vermitteln, sondern auch, weil sie vermutlich unsere intensivsten Signalgeber sind. Man bezeichnet die Augen gerne als Spiegel unserer Seele. Man spricht von weichen, sanften oder von stechenden, durchdringenden Augen, vom leeren, freudigen, zornigen oder ausdruckslosen Blick. Der Blick eines anderen Menschen kann uns das Herz schwer machen oder uns freudig stimmen. Ein Blick kann oft mehr bewirken als viele gesprochene Worte. Jeder Mensch besitzt ein mehr oder weniger ausgeprägtes Gefühl für die „Augensprache" seiner Mitmenschen.

Die Blickrichtung

Wenn zwei Menschen sich begegnen und Augenkontakt miteinander aufnehmen, geraten sie in eine Konfliktsituation. Sie wollen sich einerseits anblicken, andererseits möchten sie gleichzeitig wegblicken. Dadurch entsteht eine komplizierte Folge von Augenbewegungen hin und her. Dieses Blickverhalten kann viel über die Beziehung zweier Menschen zueinander aussagen.

Der gerade Blick, der dem Partner aus voll zugewendetem Gesicht zugekehrt ist, verspricht Offenheit und die Bereitschaft zu direkter Auseinandersetzung mit dem Gegenüber. Der Blick ist fest und drückt Interesse für die Sache oder die Person aus.

Sind die Augen beim geraden Blick allerdings weit geöffnet, so verbirgt sich dahinter meist ein stiller Vorwurf.

Ein in die Ferne gerichteter Blick möchte sozusagen durch Nahegelegenes hindurchgehen. Wer an Dinge denkt, die auf anderer Ebene liegen als das gegenwärtige Gespräch, verrät sich durch diesen Blick, der auch Mißachtung ausdrücken kann. Geht dieser Blick förmlich durch den Partner hindurch ins Unendliche, so kann er große Verunsicherung hervorrufen. Aggressive Reaktionen können die Folge sein.

Fixiert jemand einen festen Punkt im Raum, jedoch nicht den Gesprächspartner, so macht er den Eindruck, als würde er ein Selbstgespräch führen. Es fehlt jegliche Beziehung zum Gegenüber.

Weit weniger interessiert, wenn nicht ganz einfach zu faul, um den Kopf zu drehen, ist jemand, der mit schiefem oder schrägem Blick auf seinen Partner schaut. Fast das gleiche beabsichtigen Seitenblicke: Der Blick aus den Augenwinkeln heraus ermöglicht den Augenkontakt zum Partner, während das Gesicht abgewendet bleibt. Ein Seitenblick wird deshalb auch verstohlener Blick genannt. Hier möchte jemand unauffällig und heimlich beobachten.

Sind die Augen verengt, so ist Mißtrauen im Spiel. Ist der Kopf gesenkt und kommt ein Blick von unten, so ist dies ein typisches Anzeigen der Unterwürfigkeit und Demut. Bei starker Anspannung versteckt sich dahinter Feindseligkeit, Überheblichkeit oder Aggressivität.

Der Blick von oben herab ist bezeichnend für jemanden, der sich überlegen fühlt, dahinter versteckt sich oft Herrschsucht, Stolz oder Hochmut.

Achten Sie außerdem auf Menschen, die dem Augenkontakt nicht standhalten, es könnte sein, daß sie sich in irgendeiner Weise schuldig fühlen. Der ausweichende Blick drückt immer ein Flüchten aus Unterlegenheitsgefühl heraus aus. Oft beobachten können Sie den ausweichenden Blick beim Vorstellen, wenn der eine dem festen Blick des anderen nicht gewachsen ist. Auch das Niederschlagen der Augen ist eine Flucht, um keinen Augenkontakt haben zu müssen.

Meist beeinflußt unsere Blickrichtung auch die Bewegungsqualität.

Ist die Blickrichtung gleichbleibend in der Bewegungsrichtung, wirken die Bewegungen meist steif und eckig, unflexibel, andererseits aber auch zielstrebig, bisweilen stur. Jemand „geht mit Scheuklappen".

Schweift die Blickrichtung oft von der Bewegungsrichtung ab, so wirkt jemand unbeschwert, ziellos, abgelenkt. Diese Person wird nicht nur mit ihren Blicken Dinge erfassen, die im Moment unwesentlich sind, sondern wird sich auch mit diesen Dingen beschäftigen, z. B. mit Gegenständen spielen, auf dem Papier kritzeln usw. Der nach innen gekehrte Blick richtet auch unseren Bewegungsantrieb nach innen.

Der Öffnungsgrad der Augen

Voll geöffnete Augen hat jemand, der aufgeschlossen gegenüber seiner Umwelt ist; er macht einen

„wachen" Eindruck. Typisch ist dieser Blick für Kinder, die offen sind im Sinne von „Vertrauen haben". Der Blick hat dann etwas Naives. Geborene Schwindler arbeiten bewußt mit den unschuldsvoll geöffneten Augen, die in uns Vertrauen erwecken sollen.

Der „freche Blick" gehört ebenfalls in diese Kategorie – er sucht geradezu aufdringlich den Blick des anderen. Übernormal weit geöffnete Augen haben wir immer dann, wenn wir unbewußt ein Maximum an Reizen aufnehmen wollen: bei Überraschung, Erschrecken, bei spontaner Freude (man beobachte einmal Zuschauer bei einem Fußballspiel), bei Neugier und gespannter Erwartung, bei totaler Hilflosigkeit und bei plötzlichem Verstehen (Aha-Effekt).

Es ist wichtig, daß Sie immer auch die anderen mimischen Ausdrucksbewegungen beobachten, um die Augenbewegung selbst richtig einzuordnen: z. B. Handbewegungen, Anspannung oder Gelöstheit im allgemeinen oder das Leuchten bzw. Erstarren der Augen. Ein verschleiertes Auge wird von der Umwelt kaum noch berührt. Meist verrät es starke Ermüdung oder Erschöpfung (der typische „Schlafzimmerblick"), ausgeprägte Langeweile oder auch Resignation.

Verengen sich unsere Augen zu kleinen Sehschlitzen, so wollen wir etwas scharf und ausgesprochen konzentriert beobachten. Auch Gefühlskälte verbirgt sich dahinter. Wenn wir die Augen schließen, so wollen wir uns auf uns selbst zurückziehen und äußere Eindrücke ganz ausschließen.

Zuweilen benutzen wir das Schließen der Augen, meist in Verbindung mit einem nur angedeuteten Kopfnicken, zur unauffälligen Äußerung einer Bejahung.

Die Blickbewegungen

Im Prinzip gibt es nur zwei Arten des Blickverhaltens: Anblicken und Wegschauen. Man erkennt, daß passive Dominanz ebenso wie passive Unterlegenheit übertriebenes Wegblicken auslösen. Auf der anderen Seite zeigt sich, daß aktive Aggression und aktive Angst zum intensiven Anstarren des Opponenten führen. Ein direktes Anstarren zeigt also Haß, Liebe oder Angst, ein abgewandter Blick Schüchternheit, Überlegenheit und Unterwürfigkeit. Es hängt immer vom begleitenden Gesichtsausdruck ab, welche der drei Grundstimmungen beteiligt ist: Liebe, Zorn oder Angst.

Ein fest fixierter Blick bedeutet meist Zielstrebigkeit und Selbstsicherheit. Halten beide Beteiligten einem wechselseitigen Blickkontakt stand, so stehen beide auf der gleichen Stufe gegenseitigen Respekts. Besonders Kinder haben oft diesen ganz offenen Blick in der naiven Form.

Ein übermäßig fester, gleichzeitig etwas verengter Blick verrät Mißtrauen und Aggressivität.

Ein zu langes Anschauen wirkt beleidigend, bedrohlich, unhöflich oder geringschätzig. Schaut Sie jemand zu lange an, so werden Sie sicherlich verlegen oder ärgerlich. Nimmt das Einander-Anschauen von der Zeitdauer her zu, ganz besonders im Gespräch zwischen zwei Verhandlungspartnern, so bauen sich auch mehr und mehr feindselige Gefühle auf. Beobachtet man die Augen von zwei ins Gespräch vertieften Menschen, so kann man sehr charakteristische „tanzende“ Blickwanderungen feststellen. Der Sprecher beginnt meist mit einem Blick auf den Partner. Dann wendet er seinen Blick ab. Gegen Ende seiner Äußerung schaut er seinen Partner wieder kurz an, um festzustellen, welchen Eindruck seine Worte hinterlassen haben.

Während dieser Zeit hat der Zuhörer den Sprecher genau beobachtet, aber jetzt blickt er seinerseits weg und überprüft nur mit gelegentlichen Blicken die Wirkung seiner Worte.

Ein gesprächiger Typ, der sehr viel und ausdauernd redet und die Reaktion des anderen gar nicht abwarten kann, wirft schon während des Sprechens dauernd forschende Blicke um sich. Der „schwankende Blick“ dagegen tritt bei jemandem auf, der zwischen Aufmerksamkeit (Anblicken) und unruhigem Zurückweichen (Wegblicken) hin- und herschwankt.

Zum Abschluß sei noch der Schwärmer genannt, der keine Sekunde den Blick von seinem bewunderten Gegenüber lassen kann, ob er nun zuhört oder selbst spricht. Eine Steigerung davon stellt der lange, tiefe Blick Auge in Auge dar, den man nur bei Liebenden findet.

Bemerkenswert ist, daß Leute, die sich am liebsten selbst reden hören und kaum in der Lage sind, anderen zuzuhören, viel weniger Augenkontakt mit ihrem Gegenüber haben als jene, die selbst wenig reden und lieber zuhören.

Pupillensignale

Unsere Pupillen vergrößern und verkleinern sich je nach wechselndem Lichteinfall. Gleißendes Sonnenlicht macht sie winzig klein, in der Dunkelheit werden sie ganz groß. Der gerade vorherrschende Lichteinfall ist jedoch nur ein Faktor, der unsere Pupillengröße beeinflußt, der andere sind emotionale Eindrücke, die unsere Pupillengröße regulieren.

Sehen wir etwas, das uns – freudig oder ängstlich – erregt, dann erweitern sich unsere Pupillen beträchtlich. Wenn wir etwas sehen, das uns mißfällt, so ziehen sich die Pupillen stärker zusammen.

Diese Veränderungen geschehen normalerweise ohne unser Wissen, und da sie sich weitgehend unserer Kontrolle entziehen, geben sie verläßliche Hinweise auf unsere wahren Gefühle. Die Pupillensignale werden nicht nur unbewußt „ausgestrahlt", sie werden auch unbewußt empfangen.

Das Spiel der Pupillen ist zum Beispiel auch eine der Faszinationen, derentwegen junge Liebende einander so lange und intensiv in die Augen blicken. Denn je mehr sich die Pupillen des einen aus emotionaler Erregung weiten, desto mehr bewirken sie, daß auch die Pupillen des anderen sich weiten –

und umgekehrt. Größere Pupillen haben eine erhöhte Anziehungskraft auf uns.

Daher haben auch Babys in der Regel größere Pupillen als Erwachsene. Mit diesem Signal, das sie zwangsläufig liebenswerter macht, vergrößern sie ihre Überlebenschancen.

Das Weinen

Weinen ist immer verbunden mit einem hilflosen Gefühl. Einerseits z. B. bei plötzlicher Reizung der Bindehaut durch einen Fremdkörper und andererseits beim Gefühl der psychischen Hilflosigkeit, wie z. B. Trauer oder Scham. Weinen überwältigt uns auch bei extremer Freude, bei ohnmächtiger Wut oder bei einer Trotzreaktion. Eine abgeschwächte Form des Weinens sind die glänzenden Augen, bei denen die Gefühle nicht stark genug sind, um ein richtiges Weinen zu bewirken.

Die Nase

Wie das ganze Gesicht ist auch die Nase mit Muskeln für das Mienenspiel ausgestattet, und wir können unsere Gefühle durch die Bewegungen und Stellungen unserer Nase anzeigen – zumindest in Maßen.

Die Nase ist zwar längst nicht so ausdrucksfähig wie die Augen oder der Mund, aber sie hat dem aufmerksamen Beobachter doch eine Reihe von Signalen anzubieten.

Etwa das angewiderte Naserümpfen, das Verziehen der Nase bei Ekel, das Sich-Weiten bei Furcht oder Zorn, das Schnauben bei Abneigung und Verärgerung und das Schnüffeln als Reaktion auf einen Geruch. Auch die Berührung der Nase geschieht auf vielerlei Art und Weise. Wir berühren oder reiben unsere Nase mit den Händen in Konfliktsituationen, wenn wir etwas im Schilde führen oder verunsichert sind. Es handelt sich hierbei wieder um sogenannte Selbstkontakte, die uns beruhigenden Halt an uns selbst verschaffen.

Es sieht fast so aus, als verursache der Augenblick der Unsicherheit eine Streßreaktion in unserem Nasengewebe, so daß die Nase juckt und kribbelt. Wir müssen förmlich mit der Hand zu Hilfe eilen und unsere Nase beruhigen. Diese Bewegung ist besonders zu bemerken, wenn ungeübte Lügner die Unwahrheit sagen; ein geübtes Auge entlarvt einen Lügner auf diese Art und Weise.

Der Mund

Der menschliche Mund leistet im wahrsten Sinne des Wortes Überstunden. Auch andere Lebewesen gebrauchen ihre Münder sehr viel: zum Beißen, Lecken, Kauen, Gähnen oder Knurren – aber wir haben diese Liste noch verlängert, denn wir gebrauchen den Mund auch zum Sprechen, Pfeifen, Lächeln, Lachen, Küssen und für einige Dinge mehr.

So überrascht es kaum, daß der Mund als „Schlachtfeld des Gesichts“ bezeichnet wird.

Der Mund ist nicht nur einer der geschäftigsten Teile des Körpers, er ist auch einer der ausdrucksvollsten.

Besonders gut zu beobachten sind unsere Mundwinkel. Schon kleinste Unterschiede führen zu wesentlichen Ausdrucksnuancen. Zurückgezogene, angehobene Mundwinkel lassen auf eine positive Grundstimmung schließen. Der Gesichtsausdruck ist belebt und heiter. Ein weiteres Merkmal des glücklichen Gesichts sind die Hautfalten, die zwischen den Lippen und den Wangen auftreten. Diese diagonalen Linien entstehen beim Heben der Mundwinkel.

Gesenkte, herabgezogene Mundwinkel drücken eine negative Grundstimmung aus. Es entsteht ein insgesamt unfroher Gesichtsausdruck, oft verbunden mit sehr wenig Spannung. Im Extremfall hängen die Mundwinkel spannungslos herab und verraten mangelnden Optimismus, Traurigkeit und die Neigung zu Enttäuschung und Verzicht. Ist der Mund angespannt und werden die Mundwinkel aktiv herabgezogen, so zeugt dies von Ärger, Ablehnung, Abscheu, Mißgunst, Neid, Spott und Hohn. Normalerweise halten wir unseren Mund bei entspannten Lippen geschlossen.

Pressen wir die Lippen aktiv zusammen, so zeigen wir damit Entschlossenheit und Konzentration. Verkniffene Lippen sind ein Anzeichen für nachdrückliche Ablehnung, Verbissenheit, Starrsinn, Gefühlskälte und Eigenwilligkeit.

Das Lachen

Zum Zeitpunkt der höchsten Intensität tut der Lachende gleichzeitig folgendes:

- er gibt einen johlenden oder bellenden Ton von sich,
- er öffnet seinen Mund weit,
- er zieht seine Mundwinkel nach außen,
- er legt die Nase in Falten,
- er schließt die Augen,
- an seinen äußeren Augenwinkeln tauchen Fältchen auf,
- er „lacht Tränen“,
- er wirft seinen Kopf zurück,
- er zieht seine Schultern hoch,
- sein Körper schaukelt hin und her,
- er umklammert seinen Leib,
- er stampft mit den Füßen auf.

Wann immer man jemanden lachen sieht, kann man ihn nach dieser 12-Punkte-Skala bewerten. Extrem hohe Punktzahlen sind selten. Meist werden wir ein mittleres Ergebnis erhalten, wobei nicht immer die gleichen Elemente zusammenwirken.

Lachen äußert sich z. B. als Form der Heiterkeit, einer inneren Freude oder als Ausdruck des Lustig-Seins, in Abhängigkeit von der Umwelt. Beim Lächeln ziehen sich zwar die Lippen zurück und hoch, bleiben aber in Kontakt miteinander. Beim breiten Grinsen teilen sich die Lippen und es werden die oberen Zähne entblößt. Wenn ein lachender Mensch auch seine unteren Zähne voll entblößt und seine Lippen unter Spannung stehen, so darf man an der Echtheit dieser Äußerung zweifeln.

Auch beim Lachen gibt es ein widersprüchliches Gesicht: das traurige Lächeln. Dabei nimmt das ganze Gesicht den Ausdruck der guten Laune an – bis auf die Mundwinkel, die sich hartnäckig weigern, sich in die entsprechende Stellung zu heben. Statt dessen hängen sie herab, und wir sehen das tapfere Lächeln eines gescheiterten Sportlers oder das verkrampfte Lächeln eines Bankfilialleiters, der uns einen Kredit verweigert. Wir kennen auch noch das einseitige, schiefe Lächeln, bei dem auf der einen Seite der Mund lächelt, da der Mundwinkel nach oben gezogen ist, auf der anderen Seite aber der Mundwinkel nach unten hängt.

Dahinter versteckt sich ein äußerst reserviertes Verhalten mit dem Drang zur Negierung und Geringschätzung, das sich hinter einer Maske aus gemachter Freundlichkeit verbirgt. Gut zu beobachten ist dieses „Lachen“, wenn jemand einen Witz erzählt und damit auch tunlichst einen Lacherfolg erreichen möchte.

Die Wangen

Die Wange ist ein Bereich, der oft die wahren Gefühle eines Menschen preisgibt, denn hier zeigen sich emotionsbedingte Verfärbungen am auffälligsten. Das Erröten vor Scham beginnt genau in der Wangenmitte – an zwei kleinen Stellen, die stark erröten; es breitet sich dann rasch auf die übrige Wangenhaut aus und geht, wenn sich das Erröten noch verstärkt, auf andere Hautbereiche wie Hals, Nase, Ohrläppchen und obere Brust über. Unsere Wangen zeigen auch Wut an, wenn sie zornrot anlaufen. Dieses Erröten läuft nach einem etwas anderen Schema ab, es ist mehr ein Verlaufen der Farbe als ein Ausbreiten von der Wangenmitte aus.

Ein erzürnter Mensch befindet sich in der Stimmung eines unterdrückten Angriffs, seine Wangen zeigen an, daß er frustriert ist. Die Wangen eines wirklich aggressiven Menschen werden bleich, fast weiß, weil das Blut bei der Bereitschaft zu unmittelbarem Handeln aus der Haut zurückweicht. Ähnlich ist es, wenn ein Mensch sich fürchtet, in die Enge getrieben wird und bereit ist, zu fliehen oder sich zu wehren.

Die Wange in eine unserer Handflächen zu legen, ist ein weit verbreitetes Zeichen für „ich bin müde" und beruht auf der Tatsache, daß die typische Handlung für das Schlafengehen darin besteht, die Wange auf ein Kissen zu betten. Müde oder gelangweilte Menschen nehmen gerne diese Haltung ein, bei der eine Hand die Wange stützt, als wäre der Kopf zu schwer. Ein noch offensichtlicheres Zeichen für Langeweile ist das Kräuseln der Wange, bei einem scharf zurückgezogenen Mundwinkel.

Die Ohren

Wenn wir uns den Gesten und Handlungen zuwenden, an denen das Ohr beteiligt ist, so ist das Repertoire sehr begrenzt.
Wir bedecken unsere Ohren, um Lärm abzuhalten, und halten die gewölbte Hand wie einen Trichter hinter das Ohr, um besser hören zu können. Wir reiben oder ziehen an den Ohren, wenn wir unentschlossen sind.

Sprache

Die Stimme ist in ihrem Gesamteindruck für den einzelnen Menschen charakteristisch; sehr oft lassen sich sogar Rückschlüsse ziehen auf die Körpergröße, die Beweglichkeit, die innere Ruhe und das Alter eines Menschen. Normalerweise achtet der Mensch wesentlich mehr auf den Inhalt seiner Worte als auf die Art und Weise, wie er spricht. Deshalb handelt es sich bei der Sprechweise um durchweg unverfälschte, ursprüngliche Äußerungen. Die Zusammenhänge zwischen Stimme und Wesensart eines Menschen sind wissenschaftlich noch lange nicht ganz geklärt, jedoch spricht eine hohe Wahrscheinlichkeit für die Richtigkeit dieser Angaben. Im Einzelfall behandle man die verschiedenen Beurteilungsmerkmale der Sprache also mit der nötigen Kritik und beobachte auch die anderen Ausdrucksmerkmale.

Die Sprechgeschwindigkeit

Das Sprachtempo ist bei gehemmten und trägen Menschen eher bedächtig, bei lebhaftem Temperament und einem wachen Geist zügig bis schnell. Die Sprechgeschwindigkeit ist willkürlich kaum zu ändern, höchstens kurzfristig. Bei innerer Beteiligung, bei Erregung, bricht das ursprüngliche Sprachtempo sofort wieder durch. Eine lebhafte, flotte Sprechweise läßt auf ein ebenso lebhaftes Temperament schließen. Bei ungestört rhythmischem Sprechfluß haben wir es mit einem Menschen zu tun, der sich seiner selbst sicher ist und sich ganz unbefangen äußert.

Ist der Rhythmus gestört und wird die Sprechweise hastig und überstürzt, so verrät sich damit Nervosität und Unsicherheit. Jemand möchte die Angelegenheit möglichst rasch hinter sich bringen. Das hastige Reden ist meist gekoppelt mit heftigem Gestikulieren.
Bedächtig und langsam spricht ein Mensch mit ebenso ruhigem und besonnenem Charakter. Zögernde Sprechweise wirkt oft schwerfällig, befangen und zaudernd.

Wer beim Erzählen ganz bei der Sache ist und sich für sein Thema begeistert, wird seine Sprechgeschwindigkeit steigern und mit dementsprechender Gestik untermalen. Kommen Bedenken auf, resigniert der Redner oder ermüdet er, so wird sich seine Sprechgeschwindigkeit verlangsamen, ebenso die Gestik. Stark auffallende Schwankungen im Sprachtempo lassen auf Unausgeglichenheit schließen.

Die Lautstärke

Stärke und Fülle der Stimme unterliegen zum Teil erheblichen Veränderungen, die in der momentanen Stimmung begründet sind. Es stellt sich jedoch die Frage, ob eine laute Stimme auch echt ist oder im Sinne einer Überkompensation nur eine Schwäche verdeckt.

Große Lautstärke zeigt entweder eine ebenso große Antriebstärke oder beruht auf Wichtigtuerei oder Mangel an Selbstbeherrschung, z. B. bei Wutanfällen.

Geringe Lautstärke ist ein Zeichen für Bescheidenheit und Unaufdringlichkeit. Auch schwache Menschen mit wenig eigener Lebenskraft sprechen meist sehr leise. Tritt ein sehr zaghafter Redefluß hinzu, so ist dies ein typisches Anzeichen für Schüchternheit; jemand hat Angst, aus sich herauszugehen.

Schwankt die Lautstärke, so spricht jemand sehr gefühlsbetont und läßt sein inneres Erleben auch nach außen dringen.

Mangel an innerer Teilnahme oder an Interesse drückt sich sehr oft in einer unklaren, verschwommen wirkenden Betonung aus.

Die Stimmhöhe

Die Stimmhöhe, die nicht zum äußeren Erscheinungsbild des Sprechers passen will, weist oft auf einen Verstellungskünstler hin. Eine tiefe Stimme deutet auf Vertrauenswürdigkeit und Herzenswärme hin, sie drückt Gelassenheit und Würde aus. Ein Redner, der wirkungsvoll und eindringlich sprechen möchte, spricht langsam und in ausgesprochen tiefer Tonlage. Ist die Stimme allerdings zu tief, so wirkt sie unecht. Eine hohe, schrille Stimme deutet auf Unzufriedenheit, Streitsucht, Angst oder Erregung hin.

Die Klangfarbe

Die Klangfarbe einer Stimme ist für Menschen, die dafür empfänglich sind, von hohem Ausdruckswert, da ihr Mischungsverhältnis sehr stark von der emotionalen Beteiligung abhängt. Nur wenn dieses Mischungsverhältnis von sogenannten Kopf- und Brusttönen harmonisch ist, haben wir eine wohlklingende Stimme. Bezeichnenderweise gewinnt die Stimme eines Menschen an Wohlklang, wenn er ein belastendes Persönlichkeitsproblem aufgearbeitet hat.

Der Wohlklang unserer Stimme wird besonders bestimmt von der Klangfarbe der Vokale und von Ober- und Untertönen in der Stimme. In unserem Sprachgebrauch haben sich eine ganze Menge Eindrücke festgesetzt: dunkel, hell, warm, kalt, weich, hart, rauh, voll, tief, dünn, schneidend, dumpf, schmierig, kreischend, metallisch, blechern und noch einige andere mehr. Eine harte Stimme weist auf Disharmonie, eine polternde Stimme auf Schroffheit hin. Hochmut, Hohn und Gefühlskälte werden durch eine schneidende Stimme und Unreife wird durch ein „Quäken" ausgedrückt. Es lassen sich noch viele Stimmungslagen und Charaktereigenschaften mehr unterscheiden, wenn man sein Gehör etwas schult.

Eine sorgfältige Unterscheidung nach vokalischem und konsonantischem Sprechen ist besonders wichtig.

Ein starkes Hervortreten der Vokale beim Sprechen ist typisch für „Gemütsmenschen", die temperaments- und gefühlsbestimmt sind. Besonders gut hörbar ist das vokalische Sprechen beim bayerischen Dialekt.

Treten die Vokale gegenüber den scharf akzentuierten Konsonanten in den Hintergrund, so ist dies das konsonantische Sprechen. Diese Sprechweise läßt auf einen scharf analysierenden Verstand schließen, auf Verstandes- und Willensbestimmtheit.

Die Artikulation

Unser Empfinden für die Sprechweise eines Menschen gibt uns manchmal den Eindruck einer klaren und deutlichen Aussprache und manchmal den Eindruck einer sehr verwaschenen und undeutlichen Artikulation.

Normal ist eine klare, noch leicht verständliche, aber nicht auffallend sorgfältige Artikulation. Dies ist die natürliche Sprechweise eines eher ausgeglichenen Menschen.

Eine besonders sorgfältige Artikulation, mit einem scharfen Ausformen der Laute, mit meist auch sehr deutlichen Mundbewegungen läßt auf große innere Disziplin schließen. Dieser Mensch hat ein großes Bedürfnis nach Klarheit und Bewußtheit. Wahrscheinlich leidet jedoch die Lebendigkeit seines Charakters etwas darunter.

Eine verschwommene und undeutliche Aussprache läßt Nachlässigkeit und Bequemlichkeit vermuten. Sehr oft kommt auch eine große innere Unsicherheit durch ein schlechte Aussprache zur Geltung.

Die Sprachmelodie

Mit dem Ausdruck Sprachmelodie meint man das Auf und Ab der Tonhöhe, auch Modulation genannt.

Eine gleichbleibende Tonhöhe beim Sprechen wirkt monoton und langweilig. Eine montone Stimme deutet immer auf Gleichgültigkeit oder Gehemmtheit hin.

Hier spricht jemand ohne echte innere Anteilnahme oder ganz bewußt betont nüchtern.

Ein sprunghaftes Ansteigen und Absinken der Tonhöhe kennzeichnet den labilen, unsicheren und unausgeglichenen Menschen.

Bei einem rhythmischen Schwanken der Sprachmelodie haben wir es mit einer sehr lebendigen, aber dennoch ausgeglichenen Persönlichkeit zu tun. Unrhythmisches Sprechen finden wir bei innerer Unausgeglichenheit und bei fehlender Stabilität der Persönlichkeit.

Der Sprechrhythmus

Wir differenzieren hier den Rhythmus, der uns das Ähnliche in ähnlichen Zeiträumen wiederbringt, vom streng geregelten Takt.

Eine rhythmische Stimmführung mit leichten Schwankungen, mehr oder weniger lebhaft, ist charakteristisch für Ausgeglichenheit und eine eher heitere Grundstimmung.

Wird der Sprachrhythmus etwas uneben und holprig, so läßt dies auf einen etwas unberechenbaren Menschen und eine eher schwankende Grundstimmung schließen.

Eine sehr regelmäßige Stimmführung, die gleichsam mechanisch auf uns wirkt, ist typisch für einen Pedanten, der sich immer unter Kontrolle hat, Disziplin und eisernen Willen beweisen will. Extremes Beispiel hierfür ist die Kommandosprache beim Militär.

In manchen Fällen handelt es sich bei der betont abgehackten und scharfen Sprechweise jedoch auch um eine Überkompensation bei einem eher schwachen und labilen Menschen.

Die Anwendung der Körpersprache

Der Umgang mit Gegenständen

Jeder von uns kennt Momente, in denen das Verwenden von Dingen zu einem wichtigen Bestandteil der Kommunikation wird. Da wäre zum Beispiel ein Stift, mit dem man nicht schreibt, sondern damit in der Luft schwungvoll Worte unterstreicht, um ihnen mehr Ausdruck zu verleihen. Klopft der Stift ungeduldig auf den Schreibtisch, so signalisiert er Nervosität.

Ein ebenfalls sehr beliebtes Spielzeug, da fast immer griffbereit, ist die Brille. So manchem rutscht die Brille auf die Nasenspitze, und er blickt darüber hinweg. Er betrachtet die Dinge dann zuerst einmal von oben. Leute, die sich gestört fühlen, zeigen diese Geste sehr häufig. Wird die Brille abgenommen, so zeigt jemand dem Partner, daß er sich über seine eigenen Gedanken noch nicht so ganz im Klaren ist.

Abwartend verhält sich auch derjenige, der seine Brille ständig putzt oder die Brillenbügel in den Mund nimmt. Jemand, der bereit ist, nun in Aktion zu treten, legt die Brille ganz betont auf den Tisch. Ist das Hinlegen schon mehr ein Hinknallen, dann steigt die Erregung schon deutlich an. Hier wird gleich jemand aggressiv. Auch ein unvermitteltes Abnehmen der Brille, das eigentlich gar nicht notwendig wäre, zeigt, daß die Ansicht des Gesprächspartners nicht die eigene ist.

Man will Wut abreagieren und benützt dazu den erstbesten Gegenstand, der gerade griffbereit liegt. Sehr oft nehmen auch Telefonhörer auf diese Weise

Schaden. Eine Unmutsäußerung in der gleichen Richtung ist das Zuknallen von Türen.

Hände, die mit Gegenständen spielen, zeigen gebremste Aktivität.
Jemand, der in einer Unterhaltung nicht genügend gefordert ist, hat Kräfte zur Verfügung und benutzt diese zum Spielen. Dazu zählt zum Beispiel auch das Kritzeln beim Telefonieren. Die einen fühlen sich gelangweilt und füllen die Zeit mit Malereien, die anderen demonstrieren mit ihrer Kritzelei, daß sie angestrengt nachdenken.

Wer verkrampft nach der Lösung eines Problems sucht, wird sich des öfteren dabei ertappen, auch in Schubladen und Schrankfächern zu suchen, um zu sehen, ob nicht dort die Lösung des Problems begraben liegt.

Viele Menschen entwickeln in ihren Spielereien ganz persönliche Gewohnheiten. Sie bevorzugen gewisse Spielobjekte, die immer dann herhalten müssen, wenn sie in einen inneren Konflikt geraten. Beispiele hierfür sind: der Dozent, der seine Papiere auf dem Rednerpult fortlaufend neu ordnet, der Angestellte, der seine Brille erst sorgfältig mit dem Taschentuch säubert, bevor er eine wichtige Frage beantwortet, oder der Lehrer, der ständig imaginäre Flusen von seinem Sakko zupft, und das Mädchen, das fortwährend den Verschluß ihres Armbandes auf- und wieder zumacht.

Ein Mensch, der keine solchen Handlungen zeigt, immer ruhig und gelassen bleibt, ist entweder sozial sehr dominierend oder aber sozial distanziert.

Er steht entweder über jedem Konflikt oder außerhalb.
Der Aschenbecher ist schweigender Zeuge von Spielereien in Zusammenhang mit dem Rauchen: Die kaum angerauchte Zigarette wird ausgedrückt, als solle sie getötet werden. Heftig ausgedrückte Zigaretten, betont abgeklopfte oder nur kurz abgestreifte Asche lassen auf innere Erregung schließen.

Wenn hingegen jemand mit aller Sorgfalt die Asche abstreift, dann bereitet er sich wahrscheinlich auf Ausführungen vor, die er ebenso sorgfältig überlegt. Bei sogenannten Streßrauchern steigt und fällt die Zahl der gerauchten Zigaretten in Abhängigkeit von der inneren Anspannung. Der Raucher besitzt in Augenblicken von Streß und Druck einen erheblichen Vorteil gegenüber dem Nichtraucher: Er kann wenigstens den Eindruck erwecken, all sein Hantieren sei Bestandteil seines Rauchvergnügens, daher ein Zeichen von Genuß und nicht Anzeichen eines inneren Konflikts.

Eine weitere Variante der Spielereien ist das Schaukeln auf dem Stuhl. Hier ist jemand Herr der Situation. Sobald die Sache eine für ihn ungünstige Wendung nimmt, wird auch das Schaukeln aufhören.

Früher oder später werden wir alle einmal dem Drang nachgeben, kleine unwichtige Dinge zu tun, die in keinem echten Zusammenhang mit der Situation stehen, uns aber helfen, einen inneren Verhaltensstau aufgrund widersprüchlicher Antriebe zu vermeiden.

Sie hat die Situation „voll im Griff".

Selbstkontakte

Von Selbstkontakt spricht man immer dann, wenn wir den eigenen Körper berühren. Der Gegensatz dazu ist der Fremdkontakt, bei dem wir den Körper eines anderen berühren. Wenn wir Nahkontakte zu anderen aufnehmen, geschieht dies in der Regel im Bewußtsein dessen, was wir gerade tun. Wenn wir den eigenen Körper berühren, geschieht dies sehr oft unbewußt. Alle diese Selbstberührungen lassen jedoch meist eine ganze Menge Schlüsse auf unsere gegenwärtige Gemütsverfassung zu.

Die häufigsten Selbstkontakte sind Nachahmungen einer Berührung durch andere Menschen, und zwar Berührungen, die wir als zärtlich empfinden. Meist handelt es sich bei all diesen Gesten nur um sehr flüchtige, kleine Selbstberührungen, doch wir fühlen uns gleich sehr viel sicherer und geborgener. Die meisten Kontakte bestehen zwischen Hand und Kopf. Wir stützen den Kopf, streichen uns durchs Haar, berühren Mund und Lippen oder zupfen uns am Ohr.

Andere Selbstkontakte dienen dazu, eine Schutzbarriere aufzubauen. Wir kreuzen die Beine, verschränken die Arme vor der Brust, halten uns fest, indem wir eine Hand mit der anderen ergreifen. Viele Frauen haben die Angewohnheit, die Beine einzuschlagen und mit den Armen zu umgreifen. Die Beine sind hierbei wie eine zweite Person, die man umarmen kann und die einem Schutz bietet. Man kann sogar noch den Kopf auf die Knie legen und sich so vollkommen an die „andere Person“ anlehnen.

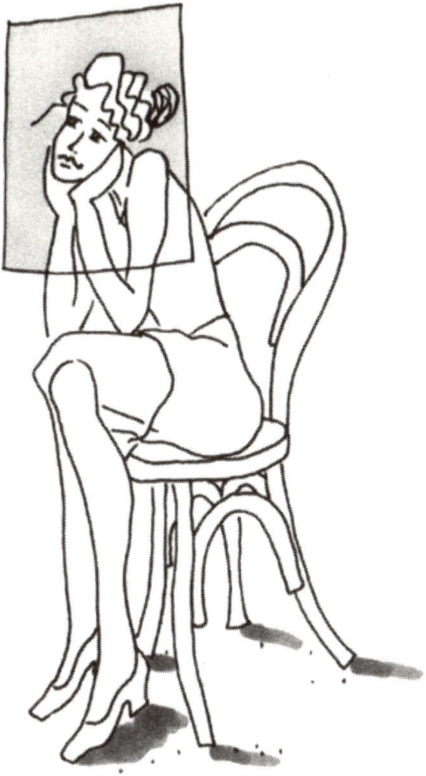

Durch Selbstberührungen fühlen wir uns sicherer.

Eine Vielzahl von Selbstkontakten finden wir auch in allen Bereichen der Erotik. Besonders Frauen verwenden beim Flirten Selbstkontakte, um zu zeigen, wie gerne sie berührt werden würden. Sie streichen sich durchs Haar, berühren sich zärtlich im Gesicht, streichen mit den Händen über die Oberschenkel.

Alle Arten von Streß- oder Konfliktbewältigung geschehen meist nicht ohne Selbstkontakt. Während unserer Kindheit bieten oft die Eltern Schutz und Geborgenheit in brenzligen Situationen. Im Erwachsenenalter geben wir uns selbst Schutz und Halt oder die gerade notwendige Zärtlichkeit.

Widersprüchliche Signalgebung

In manchen Situationen, zum Beispiel, wenn wir unaufrichtig sind oder uns nicht entscheiden können, geht auch unsere Körpersprache verschiedene Wege und kann sich nicht so recht entscheiden.

Man kann für die verschiedenen Gesten eine Art Reihenfolge aufstellen, in der ihre Glaubhaftigkeit ganz deutlich abnimmt.

- Sogenannte autonome Signale, wie zum Beispiel das Erröten der Wangen oder das Schwitzen, lassen sich nicht willentlich beeinflussen. Alle diese Signale sind zwar auf Situationen beschränkt, in denen eine große emotionale Anspannung herrscht, aber hier sind sie die verläßlichsten Signale, die wir haben.

Die Körperhaltung dieses Schülers zeigt wenig Interesse.

- Signale der unteren Extremitäten scheinen sich ganz besonders leicht unserer Kontrolle zu entziehen. So kann unser Oberkörper noch ganz den aufmerksamen Zuhörer mimen, während unsere Füße schon in Richtung Ausgang „marschieren". Wenn der selbstsichere Redner beginnt, seine Beine um die Stuhlbeine zu winden, so wissen wir, daß er sich nun ganz allmählich in weniger sichere Gefilde begibt.

- Auch unsere Körperhaltung kann aufgrund der deutlich sichtbaren Muskelspannung – vorhanden oder auch nicht – Aufschlüsse über unsere wirkliche Stimmung geben. Wer kennt nicht den gelangweilten Schüler, der in der Bank lümmelt und dem man schon an seiner Körperhaltung deutlich ansieht, daß ihn der Unterricht nicht im geringsten interessiert. Wird er vom Lehrer aufgerufen, so wird sich augenblicklich auch seine Haltung straffen, um Interesse kundzutun.

- Etwas mehr Kontrolle haben wir über unsere Hände, da wir sie öfter in unserem Blickfeld haben. Beim Sprechen müssen wir uns jedoch auch auf unser Gegenüber konzentrieren und haben die Hände nur noch gelegentlich in unserem Blickfeld. So können sie zwischendurch fast unbemerkt mit Gegenständen spielen oder am Kragenknöpfchen drehen.

- Unsere Mimik ist am ehesten in der Lage, ein Täuschungsmanöver zu vollführen. In den meisten Situationen sind wir uns unseres Gesichtsausdrucks sehr bewußt, so daß es für uns ein leichtes ist, Gesten vorzutäuschen. Besonders kleine, geplante Gesten eignen sich gut: ein kurzes Lächeln, ein Stirnrunzeln oder auch der Schmollmund. Alle Gesichtsausdrücke dieser Art sind in unserer Gesellschaft eindeutig definiert und es fällt unserem Gegenüber leicht, sie zu identifizieren. Werden die Signale komplexer, so wird es schon schwieriger, sie zur Täuschung einzusetzen. Ein wirklich strahlendes Lächeln wird kaum nachzuahmen sein – leichteste Verzerrungen um die Mundwinkel werden unsere wahre Stimmung verraten.

Wenn Sie widersprüchliche Signale entdecken, so sollten Sie niemals einem Gesichtsausdruck Glauben schenken. Suchen Sie nach kleinen versteckten Gesten, nach Dingen, die nicht zu einem festen Verhaltensritual gehören, wenn Sie das Gefühl haben, daß hier irgend etwas nicht stimmt.

Intentionsbewegungen

Sobald wir beabsichtigen, irgend etwas zu tun, stellen wir uns innerlich bereits so darauf ein, daß wir häufig kleine verräterische Gesten zur Vorbereitung auf unser Tun machen. Diese kleinen Gesten nennen wir Intentionsbewegungen. Sehr klassische Intentionsbewegungen können wir zum Beispiel sehen, wenn bei zwei Gesprächspartnern bereits einer der Unterhaltung überdrüssig ist und diese gerne beenden möchte. Einerseits besteht der Drang aufzustehen, andererseits will man den Erzählenden nicht unhöflich unterbrechen; die Intentionsbewegung, welche die Absicht verrät, ist der „Sesselgriff“. Man umgreift die Sessellehne, um sich am liebsten daran hochzuziehen, um dann aufstehen und gehen zu können, die Höflichkeit hält einen jedoch im Stuhl gefesselt.

Eine weitere Intentionsbewegung ist die geballte Faust, die hochschnellt, um den Gegner zu treffen, sich aber eines Besseren besinnt und blitzschnell zur Drohgebärde umgewandelt wird.

Übersprungshandlungen

Als Übersprungshandlungen bezeichnen wir kleine Bewegungen oder Gesten, die zu dem Zeitpunkt, zu dem sie ausgeführt werden, äußerst unpassend scheinen. Meist handelt es sich um Konfliktsituationen, in denen solche Übersprungshandlungen auftreten. Besonders typische Handlungen dieser Art sind alle „Putzverhalten“. Man ordnet die Haare, glättet das Kleid, nestelt am Kragenknöpfchen, zwirbelt sich den Bart. Putzverhalten als Übersprungsverhalten ist im übrigen nicht nur bei der Spezies Mensch anzutreffen. Auch Tiere weisen diese Art von Übersprungsverhalten auf, wenn sie in Konfliktsituationen geraten.

Auch bei Wartenden findet man eine Vielzahl solcher Verhaltensweisen. Ungeduld oder Angst machen es unmöglich, einfach nur still dazusitzen und zu warten. Das „Nichtverhalten“ des bloßen Wartens wird mit den absonderlichsten Tätigkeiten ausgefüllt.

Oft scheinen die Tätigkeiten auch sinnvoll zu sein, wie ein nervöses Überprüfen des Gepäcks, ein

Suchen der Ausweise, und doch verraten sie meist durch eine ständige Wiederholung derselben Tätigkeiten ihre Unsinnigkeit. In Wirklichkeit hat hier jemand Angst vor dem Fliegen und versucht krampfhaft, sich von dem Gedanken daran abzulenken.

Rauchen ist eine weitere Übersprungshandlung, die jedoch in unserer Gesellschaft schon so weit verbreitet ist, daß sie als solche oftmals gar nicht mehr auffällt. Wie oft wäre es jedoch weitaus vernünftiger, etwas anderes zu tun als sich eine Zigarette anzuzünden!

Rauchen ist eine unauffällige Übersprungshandlung.

Alle diese kleinen Handlungen können uns helfen, die innerlichen Widersprüche zu vermeiden und einem Verhaltensstau vorbeugen.

Ablenkungsmanöver

Wenn wir jemanden von seinem Tun ablenken möchten, so versuchen wir der Person etwas anderes anzubieten, das sie vom ursprünglichen Vorhaben abbringt. Eltern im Umgang mit ihren Kindern geraten nur allzu häufig in Situationen, in denen ein Ablenkungsmanöver einen Streit schlichtet, das weinende Kind tröstet usw. Meist wird ein neues Spiel angeboten, eine interessante Geschichte erzählt, was sofort die Aufmerksamkeit in andere Bahnen lenkt.

Erwachsene unter sich benutzen häufig kindliche Verhaltensmuster, um vom ursprünglichen Vorhaben abzulenken. Frauen wecken mit mädchenhaften Verhaltensmustern den Beschützerinstinkt des Mannes. Schmollmünder, große Kulleraugen, oft auch durch Make-up zusätzlich betont, und aus der Kindheit stammende Verhaltensmuster unterstützen die Ablenkungsstrategie.

Umgekehrt legen Männer ein jungenhaftes Benehmen an den Tag und wecken damit den mütterlichen Beschützerinstinkt.

Frisch Verliebte verwöhnen sich gegenseitig mit einer Vielzahl von Pflegeverhalten wie dem Austausch von Zärtlichkeiten oder dem Bringen von Geschenken, um eine vielleicht langsam aufkeimende Abwehr dem Partner gegenüber gleich im Keim zu ersticken.

Grußzeremonielle

Obwohl sich unsere Zivilisation immer stärker entwickelt und das Bevölkerungswachstum rapide zunimmt, leben wir auf engem Raum mit unseren Mitmenschen, ohne bessere Kontakte zu ihnen gewonnen zu haben. Viele Kontakte stellen sich eher zufällig ein, man trifft jemanden im Treppenhaus oder auf der Straße, wird nach dem Weg gefragt oder hat selbst ein Anliegen. Im Gegensatz zu diesen meist kurzfristigen und vorübergehenden Kontakten gibt es natürlich auch solche, die wir gerne bewußt suchen. Wir wollen jemanden kennenlernen.

Das Grußzeremoniell zeigt, daß wir es mit jemandem gut meinen oder daß wir ihm zumindest nichts Böses wollen. Es übermittelt dem anderen Signale der Freundlichkeit oder aber zumindest der Friedfertigkeit. Denn das Nähern eines anderen, von dessen Absichten man nichts weiß, läßt oft das Gefühl entstehen, es sei vielleicht besser, frühzeitig zu verschwinden oder, falls man sich der eigenen Stärke bewußt ist, anzugreifen. Soll beides nicht geschehen, so gilt es, die friedliche Absicht früh genug bekanntzumachen. Diesem Zweck dienen die Grußgesten.

Soziale Grußzeremonielle haben meist eine ganz spezifische Struktur und laufen in einer bestimmten Reihenfolge ab.

Haben wir das Grußzeremoniell vorausgeplant, so können wir schon äußerlich zeigen, daß wir uns Mühe geben, und haben zum Beispiel die Sonntagskleidung aus dem Schrank geholt. Müssen wir unseren Gast erst abholen, muß der Gastgeber sein „Revier“ verlassen, die Entfernung reicht hierbei vom Abholen vom Bahnhof oder Flughafen bis zum eher flüchtigen Türöffnen. Ist uns an dem Gast gelegen, so werden wir keine Mühen scheuen, ihn gebührend zu empfangen. Auch ein Chef, der einen Angestellten empfängt, sollte sich zumindest von seinem Platz erheben, wenn er nur im mindesten höflich ist. Ebenso verhält es sich beim Abschiednehmen. Man bringt den Gast zurück zum Bahnhof oder Flughafen, vors Haus, zum Auto, bis zur Tür oder sagt ihm kurz und ohne Umschweife: „Du findest ja raus, oder?“

Beim eigentlichen Begrüßungsakt findet dann auch immer ein körperlicher Kontakt statt. Noch zuvor kommt die Erkennungsreaktion. Haben zwei Menschen einander identifiziert, dann signalisieren sie diese Tatsache mit deutlichen Gesten.

Die Erkennungsreaktion besteht aus sechs visuellen Elementen:

- dem Lächeln,

- dem Hochziehen der Augenbrauen,

- dem Kopfheben,

- der gehobenen Hand,

- dem Winken,

- der angedeuteten Umarmung.

Das Kopfheben und das Heben der Augenbrauen sind Überraschunsgesten. In Verbindung mit dem Lächeln signalisieren sie eine „angenehme Überraschung“ beim Anblick des anderen. Lächeln bedeutet Freundlichkeit und kann auch wieder Freundlichkeit hervorrufen. Je lockerer, je entspannter das Lächeln ist, desto echter ist die dahinterstehende Empfindung. Das Heben des Arms mit ausgestreckter Hand verstärkt die Begrüßungsgeste, eine etwas intensivere Variante ist das Winken, noch intensiver wäre die angedeutete Umarmung mit ausgestreckten Armen und nach oben zeigenden Handflächen. Die gleichen Handlungen wiederholen sich in ähnlicher Form auch beim Abschiedsritual.

Sobald der Fernkontakt beendet ist und der andere sich nähert, kommt der entscheidende Augenblick des eigentlichen Körperkontakts. Bei größter Intensität besteht er aus einer vollständigen Umarmung mit An-sich-Drücken, Schulterklopfen, Streicheln und sogar Küssen. Von diesem ungebremsten Nahkontakt reicht dann in abnehmender Stärke eine ganze Skala von Körperkontakten bis hin zum formellen Händeschütteln. Man sollte nicht vergessen, daß der Intensitätsgrad dieser Körperkontakte von vielen verschiedenen Faktoren abhängig ist.

Zum einen ist die Tiefe der Beziehung entscheidend, zum anderen die Situation, in der die Begrüßung stattfindet – in einem offiziellen Rahmen wird man sich sicherlich nicht so freizügig begrüßen wie zu Hause in den eigenen vier Wänden. Soziale und kulturelle Regeln, Traditionen und vielleicht auch bestimmte typische Begrüßungszeremonielle eines Vereins oder Clubs haben ihren Einfluß. Verschiedene Länder und Kulturkreise haben ihre eigenen Sitten und Gebräuche. Zum Beispiel gibt es in Frankreich auch Küsse und sehr intime Begrüßungen zwischen Männern.

Das Händeschütteln ist ein wichtiges Element des Begrüßungsaktes.

Nach den körperlichen Kontakten vollziehen wir meist eine Art Pflegeschauspiel. Wir bringen jetzt stimmlich unsere Freude über die Begegnung zum Ausdruck, mit Begrüßungsformeln wie zum Beispiel: „Wie geht es Dir?“, „Schön, daß du da bist“ und noch viele andere mehr. Diese Begrüßungsformeln werden meist noch dadurch unterstützt, daß man demjenigen aus dem Mantel hilft und um sein Wohlbefinden bemüht ist. Unerwartete Begrüßungen, wenn wir zum Beispiel zufällig einen Freund auf der Straße treffen, verlaufen meist weit weniger aufwendig. Wir nehmen den üblichen Fernkontakt auf, lächeln, winken und nähern uns vielleicht noch zu einem Nahkontakt, in der Regel einem formellen Händeschütteln. Auch die Art der Näherung gehört zum Gruß und läßt sich deuten.

Der Wohlgesinnte tritt ruhigen Schrittes auf uns zu und spricht mit mittlerer Lautstärke. Nähert sich jemand mit den Händen in den Taschen oder hinter dem Rücken verschränkt, so kann das Gleichgültigkeit oder Selbstbewußtsein bedeuten. In beiden Fällen versucht er seine Hände als wertvollste Werkzeuge zu verbergen. Wer hingegen mit vorgestreckter Hand auf jemanden zutritt, hat sicher keine Angst. Ängstliche Menschen warten meist darauf, daß ihr Gegenüber sie auffordert, die Begrüßung vorzunehmen.

Nicht jeden Menschen, den man trifft, will, kann oder muß man begrüßen. In öffentlichen Verkehrsmitteln oder bei Großveranstaltungen wendet man den Blick ab oder schlägt die Augen nieder. Dies ist eine Art Entschuldigungszeremoniell. Man entschuldigt sich gewissermaßen für seine Anwesenheit, da man nicht anders kann als in die Nähe des anderen zu treten.

Beobachten sie doch einmal kleine Kinder, die der Tante das Händchen zur Begrüßung geben sollen. Wie oft wandert die Hand spontan auf den Rücken und der Blick senkt sich zu Boden. Eine typische Schutzgeste.

Denken Sie daran, wenn Sie anderen den Gruß anbieten: Wir wollen den anderen immer als gleichwertig betrachten. Vermeiden Sie alles, was dem anderen das Gefühl der Unterlegenheit geben könnte. Wenn Sie die Hand zum Gruß anbieten, dann sollten Sie nicht gleich vom Gegenüber Besitz ergreifen wollen und fest zupacken, sondern nur den angestrebten Kontakt symbolisieren. Versuchen Sie genausoviel zu geben, wie Sie auch vom anderen zu erhalten wünschen.

Möchten Sie einen neuen Bekannten in ihren Freundeskreis einführen, so sollten Sie dafür sorgen, daß er auch am Begrüßungsritual teilnehmen kann, indem Sie ihn den anderen vorstellen und er auch Nahkontakt aufnehmen kann. Sie werden sehen, sobald ein Nahkontakt mit den anderen möglich ist, werden auch diese ihm „Pflegehandlungen“ anbieten, wie ihn zum Beispiel mit Essen und Getränken zu versorgen oder mit ihm ein freundliches Gespräch anzufangen. Wieviel schwerer fällt es da doch, Kontakt zu den anderen zu knüpfen, wenn Sie ihn einfach in den Raum stellen und er sich selbst den anderen annähern muß.

Körperkontakte in der Öffentlichkeit

In der Vielzahl der sozialen Körperkontakte stehen sich zwei grundsätzliche Absichten gegenüber: zum einen der Zweck der Kontaktaufnahme und zum anderen das „Auf-Abstand-Halten", um sein persönliches Revier zu schützen.

Das Händeschütteln

Die in unserer Gesellschaft durchaus übliche Kontaktaufnahme des Händeschüttelns wurde bereits in einem der vorherigen Kapitel behandelt. Interessant ist jedoch nicht nur die Intensität des Händeschüttelns als solche, sondern Erweiterungen dieser Begrüßungsformel. Während sich üblicherweise nur die rechten Hände treffen, kann man als Verstärkung auch mit der linken die sich schüttelnden rechten Hände umfassen. Noch stärker wird diese Geste, wenn man gar Unterarm oder Schulter des Gegenübers ergreift. Steigert sich die Intensität weiter, so kommen sich auch die Oberkörper näher, und das ursprüngliche Händeschütteln endet in einer Umarmung. Ein zunehmend herzliches Gefühl veranlaßt uns, das formelle Händeschütteln bis zur Umarmung zu steigern.

Das Führen

Beim Führen handelt es sich um einen richtungsweisenden Berührungskontakt. Unsere Hand übt einen leichten Druck auf den Rücken unseres Begleiters aus und lenkt ihn damit in eine bestimmte Richtung. Auch das Umfassen des Unterarmes ist durchaus üblich. Kennt man den Begleiter sehr gut, so ist auch das Führen Hand in Hand möglich. Ursprung dieser Handlung ist das elterliche Führen des Kindes an der Hand. So wie im Ursprung deutlich die elterliche Dominanz zum Ausdruck kommt, ist auch die Erwachsenenversion immer ein wenn auch diskreter Ausdruck von Überlegenheit. Man zeigt seinem Begleiter, daß man „weiß, wo's langgeht" und möchte, daß er einem folgt. Nach Möglichkeit sollte man den Begleiter jedoch niemals mit Gewalt in die gewünschte Richtung drängen, diese Geste erweckt dann nämlich schnell den Anschein, herablassend zu sein.

Das Unterhaken

Am häufigsten zu sehen ist diese Art der Kontaktaufnahme bei Ehepaaren, die damit zum Ausdruck bringen, daß sie ihren Weg gemeinsam gehen. Meist ist die Frau diejenige, die unterhakt, der Mann bietet den Arm dazu an und übernimmt scheinbar die Führung. Zwischen zwei Frauen oder einem Paar mit deutlichem Altersunterschied dient das Unterhaken eher dazu, Halt und Stütze für die schwächere Person zu sein.

Das Arm-um-die-Schulter-Legen

Auch diese Kontaktberührung wird am häufigsten von Männern ausgeführt – schon deshalb, weil sie meist größer sind als Frauen, mit der Umarmung ihren Besitz schützen können und richtungsweisend auf die Partnerin einwirken können. Unter Männern sieht man diese Geste nur selten, und falls doch, dann eher in abgeschwächter Form, bei der einer dem anderen die Hand auf die Schulter legt. Auch hier ist eine gewisse Richtungsweisung möglich, zumindest ist die Bewegungsfreiheit des Partners deutlich eingeschränkt.

Die Umarmung

Was das Arm-um-die-Schulter-Legen in abgeschwächter Form war, ist die Umarmung ganz deutlich: Kontaktaufnahme auf engstem Raum. Meist bleibt die Umarmung auf Momente des Abschieds und Wiedersehens beschränkt, und das auch nur zwischen Partnern mit einer sehr intimen Bindung. Ausnahme hiervon sind andere Kulturkreise, in denen auch die Umarmung zwischen zwei Männern durchaus üblich ist, so zum Beispiel in Rußland.

Eine weitere Ausnahme-Umarmung ist das Tanzen. Hierbei ist die Bewegung sozusagen auf halbem Wege der Umarmung erstarrt, so daß ein gewisser Abstand zum Körper des anderen gewahrt bleibt. Kennen sich die Tanzpartner näher, so wird sich auch der Abstand beim Tanzen verringern.

Andere Körperkontakte, wie zum Beispiel das Händchenhalten, die Umarmung der Taille, Kontakte Kopf an Kopf, Liebkosungen und Küssen sind in der Regel nur zwei sich Liebenden vorbehalten und sollen hier nicht näher erwähnt werden.

Beim Tanzen ist die Umarmung auf halbem Weg erstarrt.

Der Anspruch auf das persönliche Revier

Wenn jemand ein Wartezimmer betritt und sich an einem Ende einer ganzen Reihe leerer Stühle hinsetzt, kann man leicht voraussagen, wo der nächste sich niederlassen wird: nämlich nicht am entgegengesetzten Ende und auch nicht unmittelbar neben dem ersten Wartenden, sondern etwa in der Mitte zwischen diesen beiden Positionen. Der nächste sucht sich dann die nächstgrößere Lücke.

Dieses Verhalten spiegelt die Tatsache wider, daß wir alle sozusagen ein tragbares Territorium mit uns führen. Dringt ein anderer Mensch in diese Zone ein, dann fühlen wir uns bedroht. Hält er sich übermäßig weit von diesen Grenzen entfernt, empfinden wir das als Ablehnung. Daraus ergeben sich eine ganze Reihe feiner räumlicher Anpassungen. Nur wenn ein Raum überfüllt ist, gestatten wir eine Verkleinerung des persönlichen Umraums. In öffentlichen Verkehrsmitteln zum Beispiel lassen wir unter Umständen sogar Körperkontakt zu und geben unseren Umraum ganz auf; wir entwickeln dabei jedoch bestimmte Techniken. Wir ignorieren die anderen Personen ganz bewußt, und sie tun das gleiche. Wir blicken ausdruckslos weg oder starren ins Leere und reduzieren unsere Bewegungen auf ein Minimum. Wir versuchen möglichst wenig soziale Signale zu geben.

In dichtgedrängten Gruppen macht sich außerdem eine stärkere Neigung zu aggressiven Reaktionen bemerkbar. Der persönliche Umraum ist für den

Menschen ein lebenswichtiges Bedürfnis, das sich nicht ignorieren läßt. Gewisse Schwierigkeiten entstehen, wenn Menschen aus verschiedenen Kulturen zusammentreffen, da in verschiedenen Ländern unterschiedliche Auffassungen darüber bestehen, wann ein anderer einem zu nahe kommt. In südlichen Ländern gelten hier andere Konventionen als in nördlichen.

Zwischenraum schafft ebenso Sicherheit wie Barrieren. Je mehr Raum, desto sicherer fühlt sich mancher. Erlauben die Gegebenheiten keine großen Abstände, dann treten Schalter, Schreibtische, Schranken oder Theken zwischen die Kontrahenten.

Ist auch das nicht möglich, so bleibt der Lieblingsgegenstand. Man entwickelt eine gewisse Vorliebe für einen bestimmten Stuhl oder Tisch oder einen Lieblingsplatz. Menschen, welche bestimmte Plätze bevorzugt einnehmen, haben meist ein ausgeprägtes Bedürfnis nach einem eigenen Revier. Vielleicht war es ihnen in ihrer Kindheit lange Zeit vorenthalten. Schon in den Familien gibt es meist eine Sitzordnung.

Der Vater nimmt den „Ehrenplatz“ am Kopf des Tisches ein, die Mutter sitzt ihm (fast) gleichwertig gegenüber, die Kinder sind zu beiden Seiten verteilt. Ist ein Platzinhaber nicht da, so nimmt, wie selbstverständlich, der jeweilige Nächstranghöhere (oder der, der es sein will) den Platz ein. Der begehrte „beste“ Platz wird unter Umständen auch durch frühzeitiges Erscheinen als besetzt beansprucht. Bei Gesprächen unter Gleichrangigen verwendet man heute meist den runden Tisch, um einen Kampf um die besten Plätze zu vermeiden.

Eine weitere Möglichkeit zur Markierung unseres Körperterritoriums besteht in der Verwendung persönlicher Gegenstände. Bücher, Papiere und andere persönliche Habseligkeiten werden über den Lieblingsplatz ausgebreitet, um ihn in den Augen der anderen als persönliches Eigentum erscheinen zu lassen.
Man belegt auch in der Öffentlichkeit, sei es in Verkehrsmitteln oder auf Parkbänken, mit Handschuhen, einem Buch oder anderen Gegenständen einen Platz, um zu signalisieren, daß dieser bereits besetzt ist. In vielen Fällen dienen persönliche Markierungen selbst in Abwesenheit des Besitzers als wirkungsvolle territoriale Besitzzeichen.

So seltsam es klingt, auch Ordnung hat etwas mit Besitzanspruch zu tun. In einem geordneten Haushalt duldet der Dominierende nicht, daß etwas herumliegt, das Ablegen persönlicher Dinge bedeutet ja Besitzanspruch. Aus eben diesem Grund dürfen die Kinder kein Spielzeug liegen lassen, ist das Putzzeug der Hausfrau im Arbeitszimmer unerwünscht, so wie die Pfeife des Hausherrn in der Küche.

Das persönliche Revier des Vorgesetzten

Auch der Chef hat sein Revier. Er besitzt meist ein besser ausgestattetes Zimmer als alle anderen, hat mehr freien Raum um sich, der ihm als eine Art

Pufferzone dient. Muß jemand zum Chef, so verletzt er dessen Revier. Er wird damit zum Angreifer, der Chef zum Verteidiger und entsprechend ist auch das Verhalten der beiden. Der Verteidiger wird sich zunächst hinter seinem Schreibtisch verschanzen. Kommt er, zur Begrüßung beispielsweise, dahinter hervor, so ist das schon ein gutes Zeichen.

Ist der „Angreifer“ besonders ängstlich, so wird er zunächst in der Tür stehenbleiben. Der etwas Forschere bleibt auf halbem Weg stehen, der besonders Mutige beugt sich vielleicht sogar über die Tischplatte seines Vorgesetzten.

Vorwärtsbewegung tendiert immer zum Angriff. Verharren und Zurückweichen zeigen das Gegenteil. Ähnlich geartete Bewegungsmuster finden sich im Sitzen: Beugt sich jemand nach vorne, so geht er zum Angriff über, lehnt sich jemand zurück, so vergrößert er damit die Distanz und will andere gar nicht erst an sich herankommen lassen.

Wer mit jemandem verhandeln will, zu dessen Wesen Distanz gehört, sollte nicht um den Schreibtisch herumgehen und damit das Revier verletzen.

Rechthaberische Menschen rücken ihrem Gegenüber gerne auf den Leib und pflegen sich auch meist so zu setzen, daß sie jederzeit „Zugriff haben“. Sie scheuen sich nicht, den anderen auch zu berühren. Der so Bedrängte wird die Stirn furchen, den Mund verziehen und die Augen ein wenig zusammenkneifen, um zu demonstrieren, wie peinlich ihm das Ganze ist.

Gruppenverhalten

Achten Sie einmal in Gruppen darauf, wessen Haltung von anderen Gruppenmitgliedern nachgeahmt wird. Es ist derjenige, der die Führungsrolle innehat. Stehen Gesprächspartner in einem geschlossenen Kreis, so sollten Sie sich nicht hineindrängen, die Runde möchte unter sich bleiben. Ebenso verhält es sich in sitzenden Gruppen. Haben sie die Oberkörper einander zugewendet und zeigen die Rücken nach außen, so möchten sie nicht gestört werden.

Ist eine Gruppe bereit, weitere Gesprächspartner anzunehmen, so stehen die einzelnen Personen etwas offen, zum Beispiel im Halbkreis, so daß man hinzutreten kann. Drängt jemand mit Gewalt in eine Gruppe, dann werden nur allzuoft die Arme verschränkt, um den Eindringling abzuwehren.

Welcher Platz darf es sein?

Jeder Mensch beansprucht sein Revier, und jeder versucht auch, sich in die beste Position zu bringen. Man setzt sich entweder so, daß man alles gut im Blick hat, um schnell agieren zu können, oder so, daß man am weitesten von den „Gefahrenpunkten" entfernt ist. Wer sich in großen Räumen, wie z.B. Veranstaltungssälen, hintenansetzt, wählt die äußerste Grenze der öffentlichen Distanz und möchte sich auch den Fluchtweg freihalten.

Wer betont nach vorn geht, nähert sich dem Vortragenden und möchte selbst gerne gesehen werden. Das Heer der Indifferenten sitzt in der Mitte. Sitzen Gruppen von Gleichgesinnten in größeren Veranstaltungen, so nehmen die wichtigsten Mitglieder der Übersicht wegen die äußeren Plätze ein.

Wer in Räumen, die er mit anderen teilen muß, nicht will, daß man ihm näherkommt, nimmt so Platz, daß er viel Revier belegt. Er setzt sich zum Beispiel so an den Tisch, daß anderen, vor allem größeren Gruppen, kein Platz bleibt, und nimmt dabei die ganze Breitseite eines Tisches ein. Ebenso kann es sein, daß er sich ganz in eine Ecke, an einen besonders unvorteilhaften Platz verkriecht, weil er hofft, daß ihm diesen niemand streitig macht. Wer allein bleiben will, setzt sich auch nur selten mit dem Gesicht zur Tür. Er will andere nicht sehen und möchte auch nicht, daß diese ihn sehen. Wer sich in guter Sichtnähe zur Tür plaziert, sucht im allgemeinen den Kontakt und das Gespräch.

Eindringlinge

Wer bewußt Ihr Revier verletzt, zeigt damit entweder, daß er Ihnen auf den Leib rücken will oder daß er gar nichts von Ihnen hält. Kommen Sie einem anderen zu nahe, so achten Sie bitte darauf, wie dieser sich verhält.
Die beliebteste Form eines Barrieresignals ist das Verschränken der Arme vor dem Körper. Meist wird diese Haltung noch dadurch ergänzt, daß man die Beine zu der diesem Mitmenschen abgewandten Seite hin kreuzt.

Durch diese Körperhaltung schützen wir uns vor Eindringlingen.

Eine weitere Variante ist, die gefalteten Hände in den Schoß zu legen und zwischen den Beinen fest zusammenzupressen, so als wolle man die Genitalien schützen. Vielleicht schlagen die Finger imaginäre Takte; der Kopf ist zwischen die Schultern zurückgezogen; das Kinn sinkt nach unten, man bietet dem Angreifer die Stirn. Gehen die Bewegungen nach rückwärts, versteift sich der Körper und verkrampfen sich die Hände, so ist man Ihnen nicht sonderlich wohlgesonnen. Auch das Abwenden des Oberkörpers ist eine typische Abweisungsgeste.

Taktvolle Menschen beachten die Distanzen und das Verhalten der anderen Personen in einem Raum; es ist peinlich für alle Beteiligten, wenn die Distanzen mißachtet werden. Wer einem anderen zu nahe tritt, wirkt immer aufdringlich, wer sich zu weit entfernt hält, wirkt abweisend.

Aus der Distanz heraus kann man mitunter den Charakter eines Menschen bestimmen: Ein eher introvertierter Mensch hält meist eine größere Distanz zu seinen Mitmenschen, ein extrovertierter sucht die kleinen Abstände.

Der Mensch versucht sein Revier zu schützen, ebenso seinen Körper. Der Körper wird zurückgenommen, die Arme werden verschränkt, die Beine übereinandergeschlagen. Je näher andere herandürfen, desto wohlwollender ist dieser Mensch ihnen gesonnen. Peinlich wird es immer dann, wenn Berührungen aufgezwungen werden – man beobachte nur kleine Kinder, die äußerst widerwillig der Tante das Händchen geben.

Später lernt man zu lügen oder sich zu überwinden, wobei solche Tendenzen oder Haltungen nicht unbemerkt bleiben.

Aus Distanzen lassen sich Beziehungen zwischen Menschen ablesen, und es ist zu erkennen, mit welchen Absichten sich Personen einander nähern.

Gerade in Großstädten oder Ballungszentren, wo die persönlichen Reviere und zwischenmenschlichen Distanzen im Alltagsleben eine wichtige Rolle spielen, läßt sich noch folgende kuriose Tatsache beobachten: Obwohl die Straßen zumeist verstopft sind und fast überall Parkplatzmangel herrscht, nimmt die Tendenz, mit dem eigenen Auto zu fahren, zu. Ein jeder versucht, sich mit den paar Quadratmetern Blech, die ihn umgeben, ein eigenes Revier und ein wenig Distanz zum Nachbarn zu schaffen. Oft herrscht sogar ein regelrechter Kampf um die Vorfahrt oder die Parkplätze. Nicht selten macht sich mancher Autofahrer früh genug auf den Weg zur Arbeit, um seinen Parkplatz rechtzeitig zu belegen. Es könnte ja sonst das Statussymbol des Nachbarn bereits dort stehen.

Drohgebärden

Drohgebärden sind Ausdruck unserer Aggressivität und Wut. Damit unsere Drohungen nicht tatsächlich in einem körperlichen Angriff enden, müssen sie auf verschiedene Art und Weise im Zaum gehalten werden.
Zum einen gibt es sogenannte Intentionsbewegungen, die zwar den Beginn eines Angriffs bein-

halten, aber nicht zu Ende ausgeführt werden, zum anderen gibt es sogenannte Leerlaufgesten, das sind Handlungen, die zwar zu Ende geführt werden, aber keinen wirklich körperlichen Angriff darstellen.

Zur ersten Kategorie gehört zum Beispiel die Drohung mit erhobenem Arm. Man tut so, als wolle man auf seinen Gegner einschlagen, hält aber dann plötzlich in der Bewegung inne und läßt den Arm wieder sinken. Sicherlich kennen Sie alle die Redensart „da ist mir die Hand ausgerutscht". Hierbei handelt es sich um eine Drohgebärde, die nicht abgebrochen wurde, sondern die schließlich doch im Stadium höchster Wut zum wirklichen Angriff wurde.
Zur zweiten Kategorie der Leerlaufgesten gehört zum Beispiel das stilisierte „Halsumdrehen" oder aber die geschüttelte Faust oder Handkante.

Eine dritte Kategorie der Drohgebärden besteht aus Ersatzhandlungen, bei denen der Angriff zwar durchgeführt wird, aber nicht den Gegner trifft, sondern ein anderes Ziel.

Das Halsumdrehen

Man schneidet sich zum Beispiel symbolisch mit der Handkante die Kehle durch oder greift sich an den Hals. Manchmal muß auch in Form einer Übersprungshandlung ein Gegenstand zum tätlichen Angriff herhalten, der sich gerade in der Nähe befindet. So zum Beispiel der wütende Tritt gegen ein Stuhlbein.

Drohgebärden sind immer begleitet von typischen Gesichtsausdrücken, die sich verändern, je nachdem ob der Drang vorherrscht, anzugreifen oder ob der Wunsch überwiegt, doch lieber zu fliehen. Aus diesen zwei ambivalenten Verhaltensrichtungen ergibt sich eine Vielzahl von verschiedenen Mimiken. Immer ist eine sehr große Körperspannung damit verbunden, denn wir befinden uns in höchster Alarmbereitschaft.

In Augenblicken größter Aggression „fletschen" wir die Zähne und neigen Kopf und Oberkörper nach vorne, wir „bieten unserem Angreifer die Stirn". Wir demonstrieren unsere Größe, stützen die Arme in die Hüften und plustern uns auf. Sind wir eher auf dem Wege zur Flucht, so nehmen wir Kopf und Oberkörper nach hinten, schon auf dem Wege des Rückzugs. Manche Menschen sinken förmlich in sich zusammen und versuchen nur noch durch spärliche Worteinwürfe ein wenig Gegenwehr zu leisten.

Da die Spezies Mensch im Vergleich zur Tierwelt nicht gerade reich mit Drohgebärden ausgestattet ist, haben wir eine Vielzahl anderer Dinge erfunden, die wir einsetzen, um anderen zu drohen. In erster Linie hilft uns die Sprache, um den Gegner einzuschüchtern.

Der Würgegriff

Früher haben wir unsere Waffen zur Schau gestellt, Kriegstänze aufgeführt und Armeen aufmarschieren lassen, um die Machtgewalt zu demonstrieren.

Noch heute kennen wir Aufmärsche und Demonstrationen, und wir schwingen Fahnen und Spruchbänder, um unsere Worte gewaltiger zu machen.

Trotz mancher Auseinandersetzungen bleibt es im allgemeinen jedoch bei den Drohgebärden, und es kommt nur selten zum wirklichen Angriff.

Menschen im Gespräch

Wir wollen noch einmal ein paar Ausdruckserscheinungen zusammenstellen, die typische, immer wiederkehrende innere Einstellungen eines Gesprächspartners kennzeichnen.

Von besonderer Bedeutung sind hierbei die Zu- und Abwendungssignale, die für den Erfolg oder Mißerfolg eines Gesprächs von besonderer Bedeutung sind.

Wir wollen die verschiedenen Gesprächssituationen nach der jeweiligen inneren Einstellung der Gesprächspartner gliedern. Lernen wir die verschiedenen Verhaltensweisen richtig zu deuten, so können sie uns über die jeweilige Stimmungslage unserer Gesprächspartner informieren.

Der Ausdruck von Interesse

Wichtig ist besonders folgende Faustregel: Je weiter sich ein Körper Ihnen „öffnet", je mehr sich Kopf und Körper Ihnen zuwenden, desto mehr Zuneigung und Entgegenkommen können Sie erwarten.

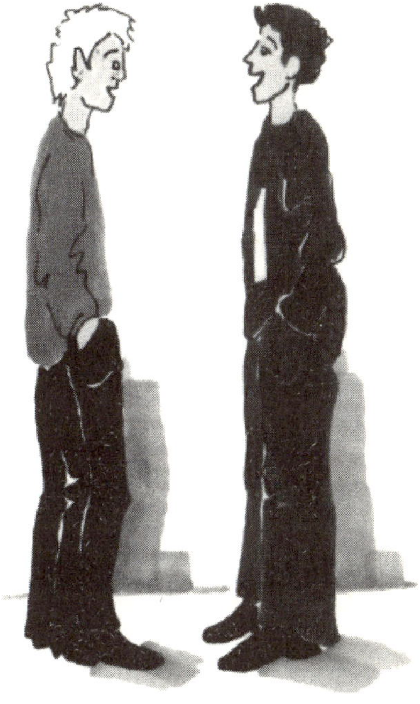

Diese Gesprächspartner stehen in gutem Einvernehmen.

Stehen sich zwei Menschen in offener Haltung von Körper, Armen und Händen gegenüber, haben sie in etwa die gleiche Kopfhaltung und lächeln sie sich an, so führen sie ihr Gespräch in gutem Einvernehmen miteinander. Ein positiver Blick kommt aus einem weitgehend entspannten Gesicht.

Auch die Kopfbewegungen der Gesprächspartner sind sehr wichtig. Ein leichtes Nicken, wobei der Kopf meist in Schräglage gehalten wird, ist oft die Aufforderung, Stellung zu nehmen. Der Partner wird dabei meist ganz bewußt, mit offenen Augen, angesehen. Kopf und Stimme heben sich am Ende einer Ausführung. Ist der Kopf zu Boden gerichtet und der Blick gesenkt, so wünscht der Sprechende keine Unterbrechung. Auch eine Sprechpause ist ohne den auffordernden Blick noch kein Signal zum Sprechen. Wird der Kopf ruckartig zurückgenommen, so erwartet man eine zustimmende Antwort. Diese Geste ist verwandt mit der Kopfbewegung, mit der man jemanden zum Folgen auffordert. Ist sich der Fragende seiner Sache nicht so ganz sicher, dann wird er den Kopf leicht zwischen die Schultern ziehen und seine Worte mit einer drehenden Bewegung der Hände unterstützen. Möchte sich unser Gesprächspartner zu Wort melden, so wird er leicht die Hand heben, andeutungsweise vielleicht den Zeigefinger in die Höhe richten oder sich auch nur fast unauffällig am Ohr zupfen. Der vorher vergleichsweise spannungslose Körper wird sich straffen; zum Beispiel wechselt der Oberkörper aus einer bequemen Position in eine aufrechte Sitzhaltung. Irgendein rhythmisches Spiel von Händen oder Füßen wird unter Umständen plötzlich abgebrochen.

Ein Sprechender, der seinen Worten Nachdruck verleihen möchte, rückt noch weiter an seinen Gesprächspartner heran, sowohl mit dem Kopf als auch mit dem Oberkörper. Die Hände gestikulieren heftig, mitunter gehen die Füße in die Position eines Läufers vor dem Start.

Der Ausdruck von innerer Unruhe und Mißtrauen

Eine aufkommende innere Unruhe und Nervosität zeigt sich meist in rhythmischen Bewegungen der Hände oder Füße. Typisch ist auch ein Hin- und Herrutschen auf dem Stuhl, ein ungeregeltes Fingertrommeln oder ein Hin- und Herschieben von Gegenständen. Auch der Blick ist unruhig, man blinzelt und blickt hierhin und dahin.

Überraschung, Erschrecken oder Verständnislosigkeit drücken sich in einem Aufreißen der Augen aus; waagerechte Stirnfalten bilden sich, die Farbe weicht langsam aus dem Gesicht. Bei stärkerer Überraschung öffnet sich vielleicht sogar der Mund.

Fühlt sich jemand unsicher oder bedrängt, so wird sein Blick am Sprecher beziehungsweise am Gesprächspartner vorbei ins Leere gehen. Sicherheit hat mit Beständigkeit zu tun, dazu gehört ein steter Blick. Wird der Blick unstet, so fehlt es auch an Sicherheit. Oft zu beobachten ist der „Vogel-Strauß-Blick“. Ein Mensch sieht dabei ganz bewußt am anderen vorbei, will vom anderen nichts wissen.
Er zeigt, daß er nichts sieht, also auch nicht da ist, und man ihm folglich auch nichts anhaben kann.

Das Kopfkratzen: eine typische Verlegenheitsgeste.

Weitere Schutzmaßnahmen sind das Anpressen der Ellbogen und die sogenannten „Notfalten" im Gesicht. Bei Mißtrauen heben und senken sich die Schultern, der Kopf liegt schräg, und der Blick kommt von der Seite. Resignation zeigt sich an allgemeinem Spannungsverlust, der Kopf ist geneigt, Gestikulation und Sprechtempo nehmen ab.

Verschiedene Verlegenheitsgesten, beispielsweise wenn wir uns am Kopf kratzen, uns den Nacken reiben oder die Nasenspitze berühren, signalisieren: Man sucht inneren Halt, und sei es nur am eigenen Körper oder an der Kleidung. Auch das Spielen mit Gegenständen weist auf innere Spannungen hin.

Der Ausdruck von Nachdenklichkeit und Konzentration

Konzentration kann man sehen. Ist man bemüht, sich auf ein Problem zu konzentrieren, so spannen sich einige Muskeln. Sichtbar wird dies besonders an der Oberlippe und der Gesichtsmuskulatur von der Oberlippe an aufwärts. Die untere Gesichtshälfte bleibt meist völlig locker. Sehen Sie auch hier eine Anspannung, dann ist die Konzentration meist viel zu willentlich; man sucht dann gewissermaßen Halt und glaubt ihn in einem Anspannen der Mundpartie gefunden zu haben.

Hinter vorgehaltener Hand kommt es oft zum Räuspern. Man bekommt „etwas in den falschen Hals" und räuspert sich, um es zu entfernen und um sein Mißfallen kundzutun. Man kann sich gewissermaßen selbst ermahnen oder auch andere damit zur Ordnung rufen wollen.

Zur gleichen Zeit läßt sich beobachten, daß die Hand zur Nasenspitze faßt. Auch diese Bewegung drückt Nachdenklichkeit aus und zeigt, daß hier jemand mit der Lösung eines Problems beschäftigt ist. Wer sich an den Kopf faßt, hat entweder etwas vergessen oder einen Fehler begangen. Gleichsam als wolle man sich vergewissern, daß der Verstand noch an seiner Stelle sitzt, rauft man sich die Haare, schlägt sich an die Stirn oder den Kopf. Besonders bei unbeherrschten Menschen können solche Gesten häufiger beobachtet werden. Der Mund kann dabei geöffnet sein oder sich bewegen, so als wolle man eigentlich sprechen. Begleiterscheinung ist oft das Kauen an einem Stift oder an den Fingernägeln.

Schiebt sich die Hand über den Mund, so hätte jemand die gerade gesprochenen Worte am liebsten für sich behalten. Wer während längeren Sprechens die Hände vor dem Mund hat, sagt mehr als die Worte, die er von sich gibt. Er möchte am liebsten seine Worte zurückhalten oder sie nur langsam von den Lippen kommen lassen. Ist sich derjenige nur etwas unsicher, so liegt mitunter nur ein Finger leicht über einem Mundwinkel und der andere über dem Kinn. Achten Sie auf solche Hand-Gesicht-Gesten; hier ist jemand in mehr oder weniger starken Zweifeln. Mitunter hält man die Hand nur zeitweise vor den Mund und zeigt damit seine Unsicherheit.

Der Ausdruck von Ablehnung und Abwehr

Auch hier gilt eine Faustregel: Je mehr der Partner Teile seines Körpers verdeckt oder „verschließt“, um so mehr drückt er seine Ablehnung aus. Lehnt sich ein Gesprächspartner zurück, so versucht er damit den ursprünglichen Abstand wiederherzustellen. Verschränkt er die Arme vor der Brust oder führt er die Fingerspitzen zusammen, so stoßen Sie auf wenig Gegenliebe.

Ein Wechsel von der aktiven Beteiligung am Gespräch zu irgendeinem rhythmischen Spiel mit Händen oder Füßen, ein Wechseln von der aufrechten Sitzposition in eine bequeme Stellung sowie eine abnehmende Sprechgeschwindigkeit und Gestik bedeuten immer einen Rückzug und Desinteresse am Gesprächsthema.

Ein besonders deutliches Zeichen Ihres Partners, sich Ihren Gedanken nicht anschließen zu wollen, könnte darin bestehen, daß sich Ihr Partner bewußt die Kleidung ordnet und zum Beispiel offene Jacken- oder Taschenknöpfe schließt. Er verschließt im gleichen Zuge sein Inneres gegen das, was Sie sagen, wenn nicht gegen ihre ganze Person.

Männer reiben sich des öfteren mit der flachen Hand die Wange, wenn sie etwas hören, das ihnen weniger gefällt. Frauen heben langsam die Hand zum Hals hin. Manchmal fällt das gar nicht auf, weil die Bewegung dazu führt, daß der Kragen zurechtgelegt wird oder man sich scheinbar vergewissert, daß Brosche oder Halskette noch an ihrem Platz sind. Wendet Ihr Partner auch das Gesicht ab, so ist das Desinteresse bzw. die aktive Abwehr bereits offensichtlich. Wachsen Ärger und Unmut, so ballen sich die Fäuste. Wird die Anspannung zu groß und kommt es zur Entladung, so kann es schon vorkommen, daß die geballte Faust auf den Tisch saust. Wer etwas kultivierter ist, schlägt vielleicht nur mit der flachen Hand, wer sich gar nicht mehr beherrschen kann, packt unter Umständen den nächstbesten Gegenstand, um seine Wut daran abzureagieren. Die Faust ist immer ein Zeichen, daß sich jemand zum Kampf bereit macht. Eine Bereitschaftsposition ist es auch, wenn jemand die Hände in die Hüften stemmt.

Wer während eines Gesprächs plötzlich anfängt, in seinen Papieren herumzukramen oder sich sinnlos mit kleinen Tätigkeiten beschäftigt, gibt seinem Gesprächspartner das Signal, daß er sich jetzt anderen Dingen zuwenden muß und keine Zeit oder kein Interesse mehr hat, das Gespräch fortzusetzen. Spielt jemand mit seinem Ring, den er am Finger trägt, so möchte sich derjenige sozusagen „aus einer Fessel lösen".
Versuchen Sie im Gespräch immer, Hände und Gesicht zusammen zu beobachten.

Große Redner

Hält man zum ersten Mal eine Rede, so ist es schwer, dabei natürlich zu wirken. Meist kommen Mimik und Gestik zum Erliegen, und es mangelt an beherrschter Körpermotorik.

Es zeigt sich ein gewisses Unvermögen, seine körperlichen Ausdrucksmittel wirksam einzusetzen, wobei es egal ist, ob man nun vor zwei oder vielen Hörern steht.

Es gibt genug Zeichen, die die Stimmungslage verraten, und eine ganze Menge Gebärden sagen uns etwas über Befangenheit oder Ungezwungenheit eines Redners aus. Es erfordert ein sehr sorgfältiges Training, will man seine Körpersprache bei Vorträgen und Reden richtig einsetzen, denn allzu leicht entsteht eine völlig falsche Meinung im Publikum. Man muß eine große innere Sicherheit erlangen, um seine körpersprachlichen Signale in Einklang mit den mündlichen Aussagen zu bringen.

Der innere Zwiespalt beginnt schon, wenn ein Redner vor die Menge seiner Zuhörer treten muß. Einerseits möchte er stehenbleiben und eine Rede halten, andererseits möchte er vor dem Publikum fliehen; jedes Publikum, auch wenn es noch so wohlwollend ist, erscheint einer einzelnen Person als Bedrohung. Der Redner bleibt daher meist nicht ruhig stehen, sondern schwankt abwechselnd von links nach rechts. Sitzt er bei seiner Rede auf einem Drehstuhl, dann pendelt er möglicherweise von einer Seite zur anderen. (Für ein Fernsehpublikum, das gespannt einer Diskussionsrunde folgt, kann dies sehr irritierend sein, deshalb gibt es beim Fernsehen meist schon keine rotierenden Sessel und Stühle mehr).

Wenn wir uns innerlich auf die Flucht vor dem Publikum einstellen, so machen wir zumindest kleine vorbereitende Bewegungen dazu. Diese Bewegungen sind Hinweise dafür, was wir zu tun beabsichtigen, und werden deshalb Intentionsbewegungen genannt. Wer an einer langweiligen Konferenz teilnimmt, kann sich die Zeit dadurch vertreiben, daß er eine Klassifizierung der unterschiedlichen Redner aufgrund ihrer wechselnden Intentionsbewegungen aufstellt. Es gibt da die verschiedensten Typen; die Extremform ist der „Wanderer", der von seinem Rednerpult zuerst nach der einen, dann nach der anderen Seite des Podiums geht und wieder an sein Pult zurückkehrt. Fast immer hat dieser Bewegungsrhythmus auch eine bestimmte Geschwindigkeit, die für jeden einzelnen Redner so charakteristisch ist, daß sie sich sogar mit der Stoppuhr messen läßt. Eine andere Intentionsbewegung ist es, irgendwo Halt suchen zu wollen.

Gegenstände wie zum Beispiel das Rednerpult, ein Demonstrationsobjekt, der Zeigestock oder ein Bleistift werden dazu ebenso gerne benutzt wie der eigene Körper. Schon die Faust an nach unten hängenden Armen signalisiert uns die Haltsuche; genauso die Hände hinter dem Rücken, wo sie sich gegenseitig Halt geben. Ganz besonders auffällig bei Rednern sind die sogenannten Taktstocksignale. Es handelt sich hierbei um Gesten, die den Rhythmus gesprochener Worte unterstreichen wollen. Ihre wesentliche Aufgabe besteht darin, diejenigen Aussagen im Fluß unserer Rede zu kennzeichnen, die wir besonders betonen möchten. Sie sind ein so wichtiger Bestandteil unseres Sprechvorgangs, daß wir manchmal sogar bei Telefongesprächen gestikulieren.

Gesten unterstreichen unsere Worte auch beim Telefonieren.

Die Hände eines Redners bleiben nur selten ruhig; sie schnellen nach oben, sausen durch die Luft und fallen wieder nach unten; der Redende „dirigiert" förmlich. Jeder Taktschlag mit der Hand bedeutet soviel wie: „Das möchte ich sagen und betonen".

Die Hand befindet sich immer in einer ganz speziellen Haltung, und alle diese Handhaltungen lassen sich im einzelnen klassifizieren.

Einige der wichtigsten Haltungen sind folgende:

1. *Der Präzisionsgriff:* Normalerweise benutzen wir den Präzisionsgriff, wenn wir kleine Gegenstände halten wollen, zum Beispiel eine Nadel. Wir benutzen dazu die Spitze des Daumens und der übrigen Finger. Beim Sprechen verwenden wir den Präzisionsgriff, wenn wir uns besonders feinsinnig und präzise ausdrücken möchten.

2. *Der Kraftgriff:* Den Kraftgriff benutzen wir immer dann, wenn Handlungen eine besondere Kraft erfordern. Vollziehen wir diesen Griff, ohne ein bestimmtes Objekt wirklich festhalten zu wollen, so krümmen wir entweder nur die Hand oder ballen die Faust. Die geballte Faust soll uns immer Entschlossenheit demonstrieren.

   Die Faust ist das deutlichste Signal, das auch zur Täuschung eingesetzt wird. Vor allem unentschlossene und schwache Politiker, die bei ihren Zuhörern den Anschein von Entschlossenheit und Stärke erwecken wollen, gebrauchen diese Geste sehr häufig.

3. *Der Schlag in die Luft:* Der „Handhieb“ ist immer Zeichen eines aggressiven Sprechers. Ist der Hieb auf die Zuhörer gerichtet, so ist die Aggression sehr gezielt und hat etwas mit dem Publikum selbst zu tun, nicht mehr mit einem allgemeinen Problem. Die aggressivste Handhaltung ist allerdings der Boxhieb in die Luft. Er erinnert an das Austeilen von Schlägen.

4. *Das Handausstrecken:* Sind die Hände nach oben geöffnet, so wurde meist eine rhetorische Frage gestellt, und der Zuhörer soll nun seine Zustimmung in die offene Hand legen. Zeigt die Handfläche nach unten, so möchte der Redner die Stimmung etwas dämpfen. Die ausgestreckte Hand, die mit der Handkante nach unten weist, möchte Sympathie gewinnen.

5. *Zusammengelegte Hände:* So mancher Redner genießt das Gefühl, „mit sich selbst Händchen zu halten“. Dieses Gefühl steht jedoch häufig im Widerspruch dazu, mit der Bewegung der Hände den Worten Ausdruck zu geben. Man kann deshalb oft beobachten, wie sich der Sprechende im Konfliktzustand befindet und sich seine Hände unruhig hin- und herbewegen.

6. *Der Zeigefinger-Taktschlag:* Richtet man den Zeigefinger auf einen Gegenstand, so betont man meist die Bedeutung dieses Gegenstands für die Diskussion. Richtet man ihn dagegen auf die Zuhörer, so ist dies meist ein offener Angriff und ein Zeichen für Herrschsucht. Jeder Zuhörer wird sich vom erhobenen Zeigefinger bedroht fühlen. Sehr wohl bekannt ist uns diese Geste,

wenn wir kleine Kinder ein wenig einschüchtern wollen. Unsere Hände sind in den meisten Fällen die wichtigsten Instrumente zum Taktschlagen, jedoch können auch andere Körperteile diese Funktion übernehmen, zum Beispiel Kopf, Körper oder Füße. Den Taktschlag mit dem Körper können wir vor allem bei Dirigenten beobachten, bei manchen Schlagersängern ist es mehr ein Schwingen des Körpers. Der Taktschlag mit dem Fuß ist eigentlich sehr selten, mit einer Ausnahme: Dem Aufstampfen, wenn jemand nahe daran ist, einen Wutanfall zu bekommen.

Dies sind die häufigsten und wichtigsten Taktstocksignale. Sie sollen allerdings darauf achten, daß Ihre Deutungen nicht zu mechanisch werden und sie bestimmten Signalen immer bestimmte Stimmungen zuordnen. Der Grund hierfür ist, daß jeder von uns mit der Zeit persönliche Vorlieben für ganz bestimmte Taktstocksignale entwickelt. Im Verlauf der Jahre verwendet er diese mehr und mehr, unter der Vernachlässigung aller übrigen.

Es gibt jedoch bei „großen Rednern“ noch mehr Verhaltensweisen zu beobachten.

Man sagt, daß Redner, die sehr viel gestikulieren und große und weite Bewegungen lieben, zur Übertreibung neigen und gerne auch jemanden zu etwas überreden wollen. Redner, die sehr kleine Gesten bevorzugen und deren Ausführung schwächlich ist, trauen sich selbst und ihren Worten meist nicht so ganz. Ein Enthusiast wird einen stärkeren Gebrauch von Gesten machen als ein Zyniker. Der Enthusiast will seine Begeisterung auch den Zuhörern mitteilen und hat daher das Bedürfnis, jeden für wichtig gehaltenen Gedanken besonders zu betonen. Dem Zyniker hingegen in seiner negativen Einstellung ist ein solches Bedürfnis fremd.

Ist der Gemeinschaftsgedanke zwischen Redner und Zuhörerschaft besonders stark, so kommt der Sprecher des öfteren zum Publikum. Er wird in den Mittelgang hineingehen oder sich vor der ersten Reihe aufbauen.

Redner, die ihren Hörern nicht in die Augen sehen, die häufig mit der Hand den Mund bedecken oder gar hinter halb mit den Fingern verdecktem Mund sprechen, könnten lügen. Sie möchten ihre Worte am liebsten mit der Hand zurückhalten. Auch wenn der Blick oft in Richtung Boden geht, die Schultern zucken, oft die Hand an den Hals faßt, gibt der Redner nicht nur Tatsachen von sich. Unruhe in den Bewegungen ist ebenfalls ein Zeichen für Unwahrhaftigkeit.

Ein Redner, der von sich überzeugt ist, steht aufrecht und tritt offenen Blickes dem Publikum gegenüber. Die Bewegungen seiner Hände führen vom Mund weg, er wirft die Worte förmlich ins Auditorium. Die Gesten kommend treffend, weder zu großspurig noch zu kleinlich.

Hängt unser Redner die Daumen in die Hosentaschen ein oder schiebt er die Finger in die Jackentasche, während der Daumen außen liegt, so ist dies eine typische Geste für ein gesteigertes Selbstbewußtsein und eine Geringschätzung des Publikums. Redner, die mit Brille oder Kugelschreiber taktieren, möchten gerne das Zepter schwingen und sind sehr von ihren eigenen Worten überzeugt.

Noch eine kleine Besonderheit, was Sitzrunden betrifft: Menschen, die besonders auf sich aufmerksam machen wollen, setzen sich gerne so auf den Stuhl, daß die Lehne nach vorne zeigt. Oft werden die verschränkten Arme noch auf die Stuhllehne gelegt. Meist drückt diese Haltung eine betonte Lässigkeit aus, die eigentlich nicht vorhanden ist; ist sie es doch, so hat der Sitzende beide Beine breit auf der Erde stehen. Ist die Lässigkeit nur gespielt, so kreuzen sich die Knöchel, oder es werden die Stuhlbeine „umrankt“.

Hält sich der Sitzende mit beiden Händen an der Lehne fest und lehnt sich behäbig zurück, so drückt diese Haltung schon Überheblichkeit aus.

Unser Verhalten gegenüber Autoritäten

Auch hierbei geht es wieder um Distanzen. Meist wird die ranghöhere Person die Distanz bestimmen und auch den Gesprächsverlauf maßgeblich beeinflussen.

Im Vorzimmer und beim Eintreten

Schon das Vorzimmer bewahrt unseren Chef vor unangenehmen Überraschungen. Der Besuch wird vorher angemeldet, und der Vorgesetzte kann sich in aller Ruhe darauf vorbereiten. Ein Überraschungsangriff ist hiermit schon gar nicht mehr möglich.

Schon am Anklopfen läßt sich oft der Wunsch des Eintretenden ablesen. Es reicht vom schüchternen Antippen bis zum donnernden Faustschlag. Interessant für uns ist auch die Zeit, die vom Anklopfen bis zum Eintreten verstreicht. Läßt der Anklopfer an der Tür einige Zeit vergehen, bis er eintritt, so fühlt er sich unsicher und legt sich seine Worte noch einmal zurecht.

Die Art des Anklopfens verrät den Wunsch des Eintretenden.

Vielleicht nimmt der Anklopfer auch ganz bewußt in der Hierarchie einen niedrigen Stand ein. Der Gleichrangige tritt unverzüglich nach dem Anklopfen ein. Er genießt bereits einiges Ansehen beim Chef oder fühlt sich diesem zumindest nicht unterlegen.

Ganz ähnliche Beziehungen bestehen zwischen dem Klopfzeichen und der Antwort des Hereinbittenden. Auch der Chef, der um das Anliegen des Eintretenden weiß, braucht unter Umständen noch ein wenig Bedenkzeit, bevor er sich „dem Angreifer stellt".

Ist die Tür einmal offen, so wartet der eine erst einmal vorsichtig, bis man ihn näherbittet, während der andere gleich schnellen Schrittes nach vorne stürmt. Vergrößern sich die Augen Ihres Chefs, wenn er Sie erkennt, dann finden Sie wahrscheinlich auch ein offenes Ohr. Kneift er die Augen unwillkürlich zusammen, so werden Sie nicht mit einem Entgegenkommen rechnen können.

Mal ganz abgesehen davon, was Sie jetzt sagen, lassen Sie nicht durch eine Fluchtposition erkennen, daß Sie gerne auch später wiederkommen, um Ihr Anliegen vorzubringen. Zeichen der Unsicherheit werden von vielen Chefs sehr leicht erkannt und auch ausgenutzt. Wenn Ihre Haltung von vornherein ausdrückt: „Wenn es jetzt nicht paßt, dann komme ich halt später wieder", werden Sie schnell mit Ihrem Problem wieder vor der Tür stehen – wer setzt sich schon gerne mit Problemen auseinander, wenn es sich ohne großen Widerstand auf später verschieben läßt.

Schlecht ist es, wenn Sie in der halbgeöffneten Tür schon stehenbleiben und bereits eine erste schüchterne Frage vorbringen. Treten Sie ruhig auf Ihren Chef zu, und wenden Sie ihm gleich Ihre ganze Frontseite zu; dabei sollten Sie nicht den Fehler machen, gleich mit der Tür ins Haus zu fallen und auf den anderen loszustürmen, kaum, daß die Tür geöffnet ist. Ein klein wenig Respekt muß sein. Aber nicht zu schüchtern!

Treten Sie näher!

Die Sitzposition eines „Zimmerinhabers" sagt dem beobachtenden Besucher allerlei. Das wohl wichtigste Barrieresignal für sitzende Menschen ist der Schreibtisch. So mancher Geschäftsmann würde sich ohne Schreibtisch geradezu nackt vorkommen. Täglich verbirgt er sich dankbar hinter ihm und benutzt ihn wie einen riesigen, hölzernen Keuschheitsgürtel.

Wenn er hinter dem Schreibtisch sitzt, fühlt er sich voll abgeschirmt von dem Besucher, der sich auf der anderen Seite befindet – offen und ungeschützt. Der Schreibtisch verschafft dem, der dahintersitzt, ein unmittelbares Gefühl der Sicherheit, solange er sich von ihm wie von einem festen Wall umgeben fühlt. Je mehr Distanz per Möbel oder sonstwie dem Besucher aufgezwungen wird, desto größer ist der Herrschaftsanspruch. Der Tisch befiehlt: Bis hierher und nicht weiter! Ein Chef wird, wenn er ins Zimmer seiner Mitarbeiter kommt, auch hinter den Schreibtisch treten und somit mitten ins persönliche Revier vorstoßen. Wenn ein anderer Gleiches versucht, will er damit die Führerrolle einnehmen. Dasselbe drückt ein Besuchter auch aus, wenn er den Besucher schon auf dem Weg zu seinem Platz mit der Frage nach seinem Anliegen aufzuhalten versucht. Wer sich wirklich überlegen fühlt, wartet, bis der andere mit der Sprache herausrückt. Sollte Ihr Chef bei Eintritt seines Besuchs in irgendwelchen Papieren herumkramen, so will er damit zeigen, daß er eigentlich Wichtigeres zu tun hat und der Besucher nicht lange stören darf.

Sowohl ängstliche als auch besonders starke Charaktere machen dann kehrt, denn der eine weiß, er kann nicht viel gewinnen, und der andere ist so von sich überzeugt, daß er auch angemessen empfangen werden möchte. Wer sich hinter seinem Schreibtisch verschanzt, will meist nicht, daß er von oben herab betrachtet wird, und er wird Ihnen Platz anbieten. Sitzt er allerdings erhöht oder verringert der Abstand zum Besucher dessen Körpergröße, so kann es dem Besucher auch passieren, daß er stehenbleiben muß und ihm so verdeutlicht wird, wie wenig von ihm zu halten ist.

Fühlt sich ein Gleichgestellter unhöflich behandelt, weil ihm kein Platz angeboten wurde, so stützt er vielleicht die Hände auf den Schreibtisch seines Vorgesetzten, dringt in dessen Revier ein und verkürzt die Distanz, um klarzumachen, daß er sich ungerecht behandelt fühlt.

Achten Sie bei der Gesprächseröffnung besonders auf die Gesten, die Offenheit demonstrieren, wie zum Beispiel offene Handflächen, andeutungsweise ausgebreitete Arme und ein gerader Blick.

Nehmen Sie doch Platz!

Zwei gleichwertige Partner sitzen sich aufrecht in einer gewissen Gespanntheit, aber nicht verkrampft gegenüber. Die Beine sind leicht gegrätscht oder übereinandergeschlagen, die Hände entspannt, aber zu Gesten bereit. Man vermeidet es, Unsicherheit erkennen zu lassen. Die Haltung wirkt aufgeschlossen, man zeigt, daß man bereit ist, die Gedanken des Partners an sich herankommen zu lassen.

Im Gegensatz zu jemandem, der Wurzeln schlagen will und sich ganz bequem auf den Stuhl lümmelt, sitzt jemand, der zum Aufbruch drängt, ganz auf der vorderen Stuhlkante.

An sonstigen Gepflogenheiten Ihres Gegenübers ist alles, was bereits über bestimmte Ausdrucksmerkmale, wie zum Beispiel Sitzhaltungen, Augenkontakte und Gestik gesagt wurde, zu beobachten. Sie brauchen nur genau hinzusehen.

Zum Abbau alter Autoritätsvorstellungen dient die Sitte, Besucher heute nicht mehr hinter dem Schreibtisch zu empfangen, sondern sich an einen Besprechungstisch zu setzen, so daß die Plazierung keine Rangordnung mehr vorgibt. Man kommt sich auf diese Weise näher, und eigene körpersprachliche Signale können besser wirken. An den vergebenen oder selbst eingenommenen Plätzen lassen sich Ansprüche und Selbsteinschätzung leicht ablesen.

Kleider machen Leute

Signale der Kleidung

„Kleider machen Leute“, will sagen: wie das Kleid, so die Persönlichkeit. Es gibt eigentlich keine Kleidung, die nicht irgendwelche sozialen Signale aussendet. Jede Zusammenstellung erzählt eine Geschichte über den, der sie trägt. Man kann in den modernen Bekleidungsgewohnheiten einen Trend zu weniger Förmlichkeit sehen, doch das ist irreführend. In Wirklichkeit handelt es sich nur um einen Ersatz der alten durch neue Förmlichkeiten. Das, was einem zu tragen gefällt, ist heute ebenso uniformenhaft, wie es die Garderobe früherer Zeiten war.

Kleidung ist nicht nur eine Sache des Komforts und des Körperschutzes, sie hat auch eine zweite Funktion: nämlich den Zweck, bestimmte Körpermerkmale zu verbergen. Durch unseren aufrechten Gang sind wir gezwungen, die ganze Zeit über sexuelle Signale auszusenden. Verdecken wir unsere sexuellen Zonen mittels Kleidung, so wird die sexuelle Wirkung auf unsere Artgenossen gemäßigt. Es gibt allerdings auch Kleider, die ganz bewußt betonen, was sie verbergen. Die älteste Mode, die das Zeigen durch Verbergen populär machte, ist das Feigenblatt.

Was auch immer als modische Kleidung getragen wird, ist pure Konvention und nicht Ausdruck der Persönlichkeit. Nicht die Mode, mag sie noch so ungewöhnlich, auffallend oder schockierend sein, gibt Aufschluß über den Menschen, sondern die

Stilrichtung und das Niveau seiner Kleidung. Am Kleidungsstil erkennen wir den Bürochef, den Direktor, die Putzfrau oder die Sekretärin.

Karneval: Die Art der Verkleidung zeigt, wer wir gerne sein möchten.

Meist unbewußt wählen die Menschen unter den vorhandenen Stilrichtungen die Kleidung aus, die der beabsichtigten Rolle am besten entspricht. Die Kleidung ist in diesen Fällen immer eine Verkleidung. Diese „Textilverpackung“ soll ein beabsichtigtes Rollen-Image präsentieren und den Nettoinhalt aufwerten.

Immer wieder stoßen wir hier auf scheinbare Widersprüche: Manch Ehrgeiziger kleidet sich betont schlicht – er will, daß seine Absichten nicht so rasch offenkundig werden. Manch Schüchterner kleidet sich bewußt auffällig, um so die empfundene Bedeutungslosigkeit zu überspielen.

Wir versuchen ständig, uns zu maskieren. Ein beliebtes Hilfsmittel, um unsere Maske nicht so schnell durchschaubar zu machen, ist folgendes: Die Masken genau zu kennen und sie so zu nutzen, daß die anderen wieder von uns glauben, was wir wollen, daß sie glauben.

Vor allem im Karneval, zur närrischen Zeit, hält die Eitelkeit Jahrmarkt. Kaum zu einer anderen Zeit sind Menschen so gut zu durchschauen als zu der, da sie glauben, sich zu verkleiden.

Verkleidungen sind zumeist Aufdeckungen. Bei vielen Menschen zeigt sich auch nur mangelnde Phantasie. Wer möchte nicht gerne einmal die große Dame sein, der die ganze Welt zu Füßen liegt, oder ein Edelmann, der seine Prinzessin findet, oder ein Supermann oder Tarzan? Wenn Menschen sich maskieren, zeigen sie mit ihrer Verkleidung deutlich, was sie sein möchten.

Manche meinen, das ganz geschickt zu tun, und stapeln ähnlich tief wie die zuvor Erwähnten mit der schlichten Kleidung. Man trifft sie im Karneval als Schulkinder oder Babys an.

Der Mensch versucht auch im Alltag, sich zu maskieren. Hat sich ein Mensch über Jahre hinweg eine Maske erarbeitet, so wirkt sie lähmend und einengend. Wer sich zum Beispiel durch Verschlossenheit, die sich auch durch hochschlossene Kleidung kundtut, von anderen isoliert, grenzt sich selbst aus, fühlt sich wie eingesperrt und entbehrt einen Großteil seiner Freiheit.

Stellen wir unsere Beobachtungsgabe auf die „Textilumwelt" ein, so werden die Hüllen durchsichtig, und konstante Persönlichkeitsmerkmale werden sichtbar. Manche Menschen wählen bewußt oder unbewußt Kleider aus, die ihrem Leitbild entsprechen. Als Leitbild können die unterschiedlichsten Persönlichkeiten dienen: eine Freundin, ein Lehrer, eine politische Idolfigur oder eine gesellschaftliche Gruppe. Die Idol-Rolle verlangt vom einen, daß er sich seriös-konventionell kleidet, ein anderer meint, er müsse die Mode zur Extravaganz überspitzen, und wieder einem anderen macht es Spaß, fad und bieder auszusehen.

Der Extravaganz geht es immer um den gesteigerten Geltungsanspruch. Wer sich dagegen aus Freude kleidet, wirkt eher ästhetisch-elegant. Jedes einzelne Kleidungsstück wird ganz bewußt ausgesucht und auf ein anderes abgestimmt. Hinzu kommt ein gewisser „Pfiff", das individuell gestaltete Originelle.

Wer sich nur fragt, wie muß ich angezogen sein, um zu gefallen oder gepflegt und modisch zu wirken, der funktioniert als Sklave seiner Idol-Rolle. Freudlos kleidet sich auch, wer befürchtet, kritisiert zu werden, wenn er nicht mit der Mode geht. Diese Defensivrolle bestimmt, was „man" anziehen muß und was „man" nicht tragen darf.

Es ist eindrucksvoll, zu beobachten, daß die meisten Menschen bei jeder Art von Bekleidung dasselbe Anspruchsniveau einhalten. Elegant angezogene Menschen tragen auch in ihrer Freizeit eine Bekleidung, die demselben hohen Niveau entspricht. Wer schlampig im Büro erscheint, der flickt auch seine Abendgarderobe nur mit einer Sicherheitsnadel. Es ist erstaunlich, mit welcher Eindeutigkeit man Menschen den verschiedenen Niveaustufen zuordnen kann.

Man unterscheidet folgende vier Niveaustufen:

1. *Eleganz:* Aus Freude individuell zusammengestellte Kleidung.

2. *Gepflegtheit:* konventionelle Rollenimitation oder salopp gewählte Kleidung.

3. *Gleichgültigkeit:* unharmonische, aber saubere Kleidung.

4. *Ungepflegtheit:* unharmonische und unsaubere Kleidung.

Es stehen sich auch verschiedene Stilrichtungen gegenüber: traditionell und originell, klassisch und modisch.

Traditionsgebundene Kleidungsstücke sind zum Beispiel Trachten und Uniformen. Die Uniformität einer Kleidung wird immer dann angestrebt, wenn sie eine Zusammengehörigkeit zum Ausdruck bringen soll. Die traditionelle Kleidung steht für die Idee der Einheit, der Harmonie, der natürlichen Einfachheit, der Zusammengehörigkeit und der Treue. Auch wenn jemandem die Anforderungen, sich individuell zu kleiden, zu hoch sind, wird dieser sich in die Konvention treiben lassen und zu uniformer Kleidung neigen.

Originell ist, wer eine eigene Idee gestaltet. Die echte Originalität verrät Begeisterung, Aufgeschlossenheit und Unternehmungslust.

Wem Kontinuität und Tradition zuwider sind, wird einen ständigen Drang nach Abwechslung haben und damit eine starke innere Unruhe verraten. Wer mit häufigem Kostümwechsel sein Publikum in Atem hält, glaubt durch seine Vielgestaltigkeit den Eindruck einer interessanten Persönlichkeit zu erwecken. Daß hinter dem bunten Bildwechsel allerdings eine echte, geformte Persönlichkeit steckt, erwartet kaum jemand.

Wer sich dem klassischen Ideal verschreibt, hält die geltenden Anzugsregeln ein. Als klassisch wird jedes Kleidungsstück bezeichnet, das im Gegensatz zu den Moderichtungen den gewohnten Stil beibehält. Die Farben sind in der Regel gedeckt, der Schnitt meist einfach. Wer klassisch wirken möchte, muß durch diskrete Kleidung auffallen. Dieser Kleidungsstil ist typisch für einen gewissen Geltungsanspruch. Diese Menschen verlangen

Achtung und Respekt. Hinter der konservativen Korrektheit verbirgt sich auch der Wunsch, Ordnung und Sicherheit zu schaffen. Den konservativen Kleidungsstil wählen Menschen, die ihre Ordnung gegen die unbequeme Wirklichkeit durchsetzen wollen, damit sie in ihrem Wollen und nach ihren Spielregeln funktionieren können.

Mode dagegen lebt von der Wandlung: Sie braucht den Reiz des Neuen, den Veränderungsdrang. Wer sich immer nach der neuesten Mode anzieht, ist nicht originell, sondern veränderungsfreudig. Es geht darum, anders als die anderen zu sein und dies in der Kleidung auch zum Ausdruck zu bringen. Dieser schon übersteigerte Geltungsdrang äußerst sich dann in Extravaganz.

Wer sich ganz besonders exklusiv und anspruchsvoll kleidet, ist meist sehr sensibel. Nicht selten wird hierin ein Erlebnis der Harmonie gesucht, das anderswo, zum Beispiel in der Partnerschaft, entbehrt wird.

Die Schutzhülle unseres Körpers wird zur dekorativen Verpackung, wenn es – wie besonders beim weiblichen Körper – um einen Schönheits- und Genußartikel mit einem Marktwert geht. Menschen kleiden sich nach einem bestimmten Rollen-Image, weil es ihnen, meist unbewußt, den Kontakt zu ihrer Zielgruppe erleichtert. Oft blitzschnell ordnen wir einen Menschen aufgrund seiner Kleidung einer sozialen Schicht zu und schätzen seine emotionale Rolle ein. Selbst wenn unser Bewußtsein nur das Endergebnis „sympathisch" oder „unsympathisch" registriert, so ist doch unsere Bekleidung ein ebenso informativer Bestandteil der Körpersprache wie Gebärden, Mienenspiel und Körperhaltung.

Das Spiel der Farben

Es gibt sehr verschiedene Gliederungen der Farben. Wir wollen uns hier auf jene beschränken, welche die ungefähr 50.000 Farbtöne und -nuancen, die unser Auge unterscheiden kann, in Primär-, Sekundär- und Tertiärfarben unterteilt.

Als Primärfarben kennt man die Grundfarben Rot, Blau und Gelb, die es erlauben, alle anderen Farben zu mischen. Es handelt sich um sehr leuchtende Farbtöne, denen man auch die Jugendlichkeit zuschreibt. Junge Völker und junge Menschen tendieren zu diesen Farben. Auch die Jugendwerke einiger Künstler sind bezeichnenderweise in diesen Farben gehalten.

Mischt man die Primärfarben, dann ergibt sich je nach Mischungsverhältnis eine große Anzahl von Sekundärfarben. Werden Primärfarben hauptsächlich von Kindern und Teenagern bevorzugt, so greift der Mensch zwischen zwanzig und vierzig eher zu den Sekundärfarben. Wählen Menschen andere Farben, als sie ihrer Altersgruppe entsprechen, so möchten sie damit etwas ausdrücken. Der ältere Mensch sagt mit den Primärfarben, daß er sich noch jung fühlt, vielleicht sehnt er sich auch nach seiner Kindheit zurück. Der junge Mensch, der kultiviertere Farben bevorzugt, zeigt damit entweder Reife oder hegt den Wunsch, seine Jugendzeit endlich hinter sich zu bringen.

Die Mischung aller Farben aus dem Primär- und Sekundärbereich ergibt dann die dritte Gruppe, die der Tertiärfarben. Sie werden alternden Kulturen und alternden Menschen zugeschrieben. Bei alten Menschen findet man sehr oft eine merkwürdige Liebe zu dunklen und graubraunen Farben, den Erdtönen.

Von den einzelnen Farben etwas abzulesen, ist sehr schwierig, da sie zum einen selten allein auftreten und zum anderen in mannigfachen Helligkeitswerten erscheinen. Außerdem greifen die Menschen zu verschiedenen Zeiten auch zu verschiedenen Farben.

Als kleine Anhaltspunkte können noch folgende Aussagen dienen:
Rot, die Farbe des Blutes, steht für das Leben und für das Temperament. Dem geschwächten Rot, dem **Orange**, ordnet man Fröhlichkeit und Aufgeschlossenheit zu. **Gelb** wird dem Verstand zugeordnet, der nüchternen Erwägung. **Grün** gilt als Zeichen der Erdverbundenheit, der Tendenz zum Realen. Es ist das Bindeglied zwischen der Vernunft und dem Gefühl, das Blau ausdrücken soll. Denn **Blau** steht für Empfindsamkeit und Emotion. Je dunkler das bevorzugte Blau, desto idealistischer ist dieser Mensch eingestellt. **Violett** schließlich gilt als Zeichen der Verfestigung und des Kampfes zwischen dem im Rot manifestierten Irdischen und dem idealistischen Blau.

Vorsicht! Bevor Sie sich ein gewisses Schubladendenken aneignen, sollten Sie sich jedoch intensiver mit der Farbpsychologie auseinandersetzen.

Soviel können Sie aber mit Sicherheit von Ihrem Gegenüber ablesen: Je farbenfroher sich ein Mensch zu verschiedenen Zeiten und unterschiedlichen Gelegenheiten kleidet, desto mehr wendet er sich dem Äußerlichen zu. Je einfarbiger jemand gekleidet ist und je mehr einer ruhigeren Farbe zugewandt, desto mehr berühren ihn die Dinge im Inneren.

Üppigkeit und Schlichtheit zeigen sich auch in Farben und Formen, an den Dingen, mit denen wir uns umgeben und daran, wie wir uns kleiden. Lebenslustige Menschen bevorzugen kräftigere Farben und spielen mit den Formen. Gleiche Tendenzen finden sich in Malerei und Architektur und im Kunsthandwerk.

Schmuck als Kleidung

Wenn jemand glaubt, er könne sich den allgemeinen Modevorschriften entziehen, so sind es die kleinen Beigaben, das Zubehör, welche uns Aufschluß geben. Schmuck dient keinem Funktionszweck. Gerade aber die Nutzlosigkeit und die technische Zwecklosigkeit machen Schmuck zu einem wichtigen Ausdruckssignal unserer Persönlichkeit.

Da bei allem, was man erwirbt, um sich zu schmücken, die Auswahl mit besonderer Aufmerksamkeit darauf gerichtet wird, daß der Gegenstand auch „schön“ ist, also mit dem eigenen Geschmacksanspruch übereinstimmt, enthüllt die Art des Schmuckes etwas über unser sensibles, erotisches Erleben.

Schmücken kann man die Umwelt, ganz besonders seine Wohnung. Auch Gegenstände, die eigentlich dem Gebrauch dienen, wie zum Beispiel eine Armbanduhr oder das Auto, können nach Belieben zum Schmuckgegenstand umfunktioniert werden.

Auch Gebrauchsgegenstände wie das Auto können zum Schmuckgegenstand umfunktioniert werden.

Ein weiterer Bereich ist das Schmücken der eigenen Person mit Kleidern und Schmuckgegenständen. Ein letzter Bereich ist das Schmücken des eigenen Körpers mit Farben: Das Färben der Haare, das Make-up, die Sonnenbräune und das Lackieren der Nägel.

Die beiden letzten Bereiche beinhalten sehr viel Aufschlußreiches – ihnen wollen wir uns nun zuwenden.

Schmuckgegenstände

Auch hier kann man unterscheiden, welcher Körperteil mit welchem Schmuck dekoriert wird. Körperschmuck betont immer einen ganzen Körperbereich und nicht nur die geschmückte Körperstelle. Ohrklipse heben nicht nur das Ohr hervor, sondern rahmen das Gesicht ein, eine Halskette hebt den Kopf hervor. Ein Kettchen am Fußgelenk lenkt den Blick auf die Region der Beine. Fragt man nach den Motiven, warum sich Menschen schmücken, muß man auch fragen, warum sich andere nicht schmücken. Alle Körperverschönerungen erfüllen eine wichtige Schaufunktion: Sie weisen auf den sozialen Status, die sexuelle Kontaktbereitschaft, Aggressivität, Angepaßtheit und andere Eigenschaften hin.

Wer seine persönliche Erscheinung mit Schmuck dekoriert, kann dies aus vier Motiven tun:

1. Streben nach Geborgenheit,
2. Streben nach Prestige,

3. Streben nach sexuellen Reizen,
4. Streben nach dem Ideal der Schönheit.

Diese vier völlig verschiedenartigen Motive haben zur Folge, daß dementsprechend auch vier verschiedene Arten von Schmuck gewählt und bevorzugt werden. Weil sie unterschiedliche Bedürfnisse befriedigen sollen, bestehen auch Differenzen hinsichtlich Material, Größe und Verarbeitung.

zu 1. Was klein und schwach ist, bedarf der liebevollen Aufmerksamkeit. Genau diese emotionale Haltung haben diejenigen Menschen, die im Schmuck das liebenswerte Kleinod sehen. Wem es vor allem darum geht, investierte Mühe und Liebe, die behutsame Aufmerksamkeit und Geduld an einem Schmuckgegenstand erkennen zu lassen, der sucht darin die Symbole des Umsorgtseins, der Geborgenheit. Die Symbolik des Kreuzes stellt die Sicherheit als religiöse Geborgenheit dar. Daher tragen auch Mädchen, deren Lebenswandel so „unchristlich“ ist, daß ihr Bedürfnis nach Sicherheit und Geborgenheit besonders groß wird, auffallend oft ein Kreuzchen am Hals.

zu 2. Wer nach Prestige strebt, will imponieren. Er will den Mitmenschen unter die Nase reiben: Ich bin, was du nicht bist, oder ich habe, was du nicht hast. Wenn man sich reich dekoriert und sich so seinen Mitmenschen präsentiert, kann man zeigen, was man hat. Auch ein kleines Schildchen, das man sich ansteckt, sei es von Fußballclub, Sport- oder Gesangsverein, will zeigen, daß man etwas ganz Besonderes ist.

zu 3. Schmuck, der reizen soll, unterstreicht entweder, wie Metallketten und Lederartikel, den männlich harten Ausdruck, oder sie heben wie Pelze und Flitter den Reiz des Weichen, Anschmiegsamen hervor. Reizschmuck hat sehr oft einen provozierenden, die Aufmerksamkeit erregenden Charakter. Die Absicht ist nicht, madonnenhaft schön zu sein, sondern zu reizen, zu provozieren und „scharfzumachen".

zu 4. Schmuck, der um der ästhetischen Gestaltung willen ausgewählt wird, bezeichnen wir als ästhetischen Gestaltungsschmuck. Das können Ohrklipse sein, die man zum Kleid passend auswählt, oder ein Gürtel entsprechender Farbe. Als „schön" wird empfunden, womit man übereinstimmt und womit man einverstanden ist.

Make-up und andere Verschönerungen

Verkleiden wir unser Gesicht mit Make-up, so lassen wir uns einerseits jünger und gesünder aussehen, andererseits kennzeichnen wir uns damit auch als einer bestimmten Schicht zugehörig. Eine vernünftige Anwendung von Make-up verlangt dreierlei: Zeit, Material und Dienstleistung. Zeit ist Geld, Material ist Geld und Dienstleistung ist ebenfalls Geld, also ein Zeichen für Wohlstand. Kosmetik wird zu einer im Gesicht zur Schau getragenen

Visitenkarte: „Ich kann es mir leisten". Mit einem bewußt raffiniert geschminkten Gesicht will man anderen imponieren, und man greift oft zu abenteuerlichen Verzierungen. Vor allem in den 60er Jahren war dieses zur Schau getragene Imponierverhalten an der Tagesordnung. Heute wird Make-up etwas dezenter verwendet. Reichtum ist etwas, das zwar angestrebt wird, aber man darf nicht zeigen, daß man ihm nachjagt! Man hat ihn eben oder nicht!

Mittels der verschiedenen Kunstgriffe eines guten Make-ups sind wir in der Lage, ein weitgefächertes Sortiment „erstarrter Gebärden" nachzubilden. Wir kreieren demonstrative Symbole, die dauern und im Verhältnis zu der für ihre Herstellung notwendigen Arbeit auch sehr wirkungsvoll sind. Der optische Eindruck, den sie bei anderen hinterlassen, dauert weit über den Akt des Anlegens hinaus; wir haben also einen hohen Nutzeffekt unserer Bemalung. Das Tragen bestimmter Frisuren, das Parfümieren der Haut sowie das Lackieren der Nägel dienen den gleichen Zwecken.

All diese Dinge lassen sich auch als Blickfang und Blickabweis betrachten. Alles betont Auffällige sagt aus, daß man doch hinschauen möge. Je dekorativer, schmuckreicher und prächtiger, desto mehr Beachtung möchte man erheischen, desto mehr verrät der so Geschmückte vielleicht aber auch seine eigene Dürftigkeit. Je schlichter und unauffälliger, desto weniger wünscht man, die Blicke auf sich zu ziehen.

Der Ausdruck von Zuneigung und Liebe

Gefühle wie Zuneigung und Liebe werden wir nur ganz bestimmten Menschen gegenüber empfinden. Hier beginnt das eigentliche Problem: die Partnersuche.

Die Partnerwahl hängt von ganz bestimmten Faktoren ab. Der körperliche Reiz ist selbstverständlich wichtig, wobei die verschiedenen Geschlechtsmerkmale eine Rolle spielen; aber auch auf das Verhalten kommt es an. Es gibt zahlreiche kleine Signale, mit denen eine Person einer anderen ihr Interesse bekunden kann. Manche sind augenfällig, andere nicht, aber alle tun ihre Wirkung. Wir kennen ein ganzes Repertoire von sogenannten Balzgesten: Die Hände werden möglichst ausdrucksvoll bewegt, Ringe an den Fingern gedreht, die Haare lässig zurückgestrichen, ein prüfender Blick auf die Fingernägel geworfen.

Das alles ist persönliche Inspektion, denn es liegt nun einmal in der Natur der Sache, daß jeder Mann und jede Frau auf das andere Geschlecht angenehm wirken will. Auf einen Zuschauer belustigend wirkt vielleicht, daß die Balzgesten zumeist auch dann ausgeführt werden, wenn einen der Partner gar nicht sieht, zum Beispiel am Telefon.

Viele kontrollieren nicht nur ihr Aussehen, sondern auch ihre Bewegungen. Sie drehen sich vor dem Spiegel und proben, wie sie sich am vorteilhaftesten ins Licht rücken.

Alle negativ bewerteten Attribute haben zu verschwinden. Will man auf jemanden Eindruck machen, so sind alle Muskeln gestrafft, die Züge betont jugendlich und liebenswürdig, der ganze Körper ist angespannt. Es wird versucht, die Figur möglichst vorteilhaft erscheinen zu lassen; deshalb ziehen Männer den Bauch ein und betonen ihre breiten Schultern. Interessant ist es auch, wenn jemand feststellt, daß all seine Bemühungen keinen Erfolg hatten: Mit einem Schlag fällt dann der ganze Körper in sich zusammen.

Nicht immer ist hinter den Gesten der Kontaktbereitschaft Erotik zu sehen. Menschen, die sich einsam fühlen und ein wenig Ansprache und Freundschaft suchen, benehmen sich ganz genauso. Unter Umständen sind es sogar leblose Gegenstände, wie zum Beispiel Stofftiere oder andere geliebte Dinge, die sie zärtlich behandeln und zu denen sie „Kontakt suchen".

Das Flirten

Wer sich anschickt zu flirten, spannt fast alle Muskeln seines Körpers. Die Schultern gehen zurück, man „wirft sich in die Brust", sogar die Augenbrauen heben sich etwas. Andere verschlingen die Dinge, die sie begehren, förmlich mit den Augen. Man schaut einfach ein wenig zu lange hin und versucht, beim anderen damit Spannung zu erwecken.

Frauen streichen sich des öfteren durch die Haare und der Sitz der Kleidung wird kontrolliert. Im Sitzen ist das Übereinanderschlagen der Beine sehr locker. Auch zeigen Frauen gelegentlich etwas mehr Bein. Fest übereinandergeschlagene Beine oder zusammengepreßte Knie symbolisieren immer Verschlossenheit. Jedwedes Streicheln oder Berühren des eigenen Körpers ist so etwas wie ein Zeichen der Bereitschaft.

Ein weiteres Zeichen sind Hüftschwingungen, der betonte Gang. Kann der Flirt beginnen, so dreht man sich meist zueinander und kehrt damit gleichzeitig allen anderen Anwesenden den Rücken, um sie aus der Zweisamkeit auszuschließen. Gegenseitige Berührungen, anfangs vielleicht nur zufällig, werden häufiger und länger.

Die Unterhaltung wird, wenn sich noch andere im Raum befinden, gedämpfter. Die Partner zeigen, daß andere fernbleiben sollen. Das Gespräch zielt darauf ab, tieferen Kontakt herzustellen. Der Informationsaustausch dient im typischen Fall der Feststellung gegenseitiger Vorlieben und Abneigungen.

Fragen erhalten sofort zustimmende Antworten – auch wenn sie unehrlich sind –, um die weitere Annäherung zu fördern. Der Blickkontakt wird länger und intensiver, man schaut einander in die Augen, um sich bestätigt zu finden. Höhepunkt und Erfolg des Flirts ist schließlich der körperliche Kontakt, die Berührung des Partners mit der Hand, die unseren Besitzwunsch jetzt ganz deutlich zum Ausdruck bringt.

Zuneigung

Legt jemand den Arm um die Schulter des anderen, so zeigt sich damit, daß sie einander vertrauen. Die Bewegungsfreiheit des Partners läßt sich damit einschränken, und man kann ihn festhalten.

Umarmt und gedrückt zu werden ist ein sehr starkes Kindheitserlebnis; zwischen Erwachsenen bleibt es auf Augenblicke intensiver emotionaler Empfindungen beschränkt. Nur junge Liebende zeigen dieses Bindungszeichen häufiger.

Eine ritualisierte Form der Umarmung finden wir beim Tanzen wieder. Die Tanzenden deuten eine echte Umarmung an, schaffen aber dennoch Distanz zwischen sich. Ein weiteres Ritual der Umarmung finden wir bei Begrüßungs- und Abschiedszeremonien. Hierbei sind keine intensiven Emotionen im Spiel, die Arme werden meist nur lose an den Körper des anderen gelegt.

Abneigung

Nicht immer kommt unser Flirtversuch an. Ändert sich die Haltung eines Mädchens abrupt und wendet es sich vom Bewerber ab, so zeigt es damit deutlich seine Ablehnung. Man lehnt sich zurück, um den ursprünglichen Abstand wiederherzustellen. Auch die Fingerspitzen, in Abwartehaltung zusammengelegt, sind eine Abweisung.

Wer sich bei Annäherungsversuchen betont sittsam hinsetzt und diese Haltung auch nach einem längeren Gespräch nicht aufgibt, signalisiert ebenfalls seine Ablehnung. Das deutlichste Zeichen ist das Nichtansehen mit geradegehaltenem Kopf.

Ansonsten sind alle Ausdrucksmerkmale, die bereits besprochen wurden, auch auf diese Thematik anwendbar.

Das Zusammengehörigkeitsgefühl

Möchten sich Nebeneinandersitzende als zusammengehörig zeigen, so neigen sie ihre Oberkörper einander zu und schlagen die Beine so übereinander, daß die Oberschenkel der aufliegenden Beine mit der Außenseite nach außen weisen. Man bildet einen Kreis.

Die gegenseitige Berührung ist ebenfalls ein Zeichen der Zusammengehörigkeit. Ein indirektes Bindungszeichen ist es, wenn zwei Menschen einen Gegenstand, zum Beispiel ein Glas oder ein Handtuch, gemeinsam benutzen. Geht es um mehrere Menschen, um eine Gruppe oder Familie, die ihr Zusammengehören ausdrückt, dann erkennen Sie das vor allem daran, daß von vielen Gruppenmitgliedern die gleiche Haltung eingenommen wird. Man spricht hierbei vom sogenannten Haltungs-Echo.

Die Körperhaltungen werden zum Teil so ähnlich, daß man sie für gegenseitig kopiert halten könnte. Es handelt sich jedoch nicht um eine bewußte Imitation. Freunde geben sich vielmehr automatisch einem solchen „Haltungs-Echo“ hin und finden darin unbewußt eine Art körperlichen Ausdrucks ihrer Freundschaft. Der Körper vermittelt dem anderen die stumme Botschaft: „Schau her, ich bin genauso wie Du!“ Diese Botschaft wird unbewußt übermittelt und ebenso verstanden.

Die Freunde fühlen sich einfach wohl, wenn sie zusammen sind. Die Präzision des Haltungs-Echos kann einen erstaunlich hohen Grad erreichen. Zwei Freunde, die sich in einem Restaurant unterhalten, stützen den gleichen Ellenbogen auf den Tisch, neigen ihren Körper im gleichen Winkel nach vorne und nicken zustimmend im gleichen Rhythmus.

Ändert der eine seine Beinhaltung oder lehnt sich ein wenig zurück, tut es der andere auch. Freundesgruppen verhalten sich gewöhnlich so, daß sie Körperhaltung und Bewegungsrhythmus miteinander in Einklang bringen.

Dieses angenehme Gefühl kann eine einzige Person leicht dadurch zerstören, daß sie eine völlig andere Haltung einnimmt – etwa eine unruhige, ängstliche. Ähnlich kritisch wird die Situation bei einer sehr lebhaften Zusammenkunft, wenn einer aus der Diskussionsrunde lethargisch im Sessel sitzt.

Der Betreffende selbst hat gar nichts Negatives gesagt, noch die anderen gestört. Er hat lediglich das Haltungs-Echo der Gruppe zerstört.

Gleiches Verhalten entspricht einer auf gleichem Status beruhenden Freundschaft; daher können überlegene Personen diesen Gleichklang dazu benutzen, einem Unterlegenen das Gefühl der Entspannung zu geben. Ein Therapeut hilft auf diese Art und Weise seinen Patienten.

Gelegentlich kann man zwei verschiedene Haltungs-Echos in der gleichen Gruppe entdecken, zum Beispiel in einer Diskussionsrunde. Die Mitglieder einer jeden Partei bemühen sich, ihre Bewegungen so aufeinander abzustimmen, daß sich diese von den Bewegungen der anderen Partei unterscheiden. Wechselt jemand in der Diskussionsrunde die Seiten, so läßt sich dies meist anhand seiner Körperhaltung voraussagen. Er beginnt sich bereits vorher der anderen Partei anzunähern.

Die neueste Forschung geht sogar mittlerweile so weit, daß sich kleinste Veränderungen in der Körperhaltung als aufs schönste miteinander abgestimmt erweisen, wenn zwei Menschen sich im harmonischen Gleichklang miteinander befinden.

Ein kleiner Tip anbei:
Das Haltungs-Echo ist eine Art der Körpersprache, die auch Ihr Haustier, zum Beispiel Hund oder Katze, versteht. Sie können zwar sicherlich nicht mit dem Schwanz wedeln, aber Sie können sich zu ihrem Hund hinunterbücken und sich so zur Begrüßung auf die gleiche Ebene mit ihm stellen.

Forschungen haben zum Beispiel ergeben, daß Katzen in den meisten Fällen Frauen bevorzugen, aus dem einen Grund, weil diese sich auch ab und zu zu ihnen hinunterbücken.

Was Sie noch über Körpersprache wissen sollten

Die unbewußte Körperhaltung im Schlaf

Während einer typischen Nacht wechselt der Erwachsene vierzig- bis siebzigmal die Schlafhaltung. Auf Serienfotos erscheint der Schlaf deshalb ruhelos und unstet, doch auch der ruhigste Schläfer unterliegt diesen natürlichen Umwälzungen, die ein Verkrampfen der Glieder oder anderer Körperpartien verhindern.

Die bestimmten Schlafpositionen, die ein Mensch im Laufe der Nacht einnimmt, spiegeln das gesamte Lebensmuster seines Individuums und seines speziellen Lebensraumes wider, ebenso wie seine Art, diesen zu bewohnen. Die verschiedenen Schlafpositionen sind als eine Fortführung der „Abwehrmechanismen“, die wir im Wachzustand gebrauchen, zu verstehen. Die Psychoanalyse kennt etwa zwanzig unbewußte Standard-Abwehrmechanismen, zum Beispiel die Verdrängung oder die Projektion.

Eine besondere Kategorie von Abwehrmechanismen stellen die individuellen, charakterlich bedingten Abwehrmechanismen dar. Zum Beispiel mag sich das für eine Person typische passive Verhalten dahingehend äußern, daß sie anderen gegenüber eine unterwürfige Haltung einnimmt. Der Aggressive, ohnehin stets leicht gereizt, beugt den Oberkörper kampfbereit nach vorne. Das sind Verhaltensweisen, die jeweils als gut und notwendig empfunden werden und ohne weitere Überlegung zur Anwendung kommen. Beide Arten von Abwehrmechanismen spiegeln sich in der Schlafposition wider; die Standard-Abwehrmechanismen vornehmlich in denen der Dämmerzone, wenn wir den Belastungen dieser Phase begegnen und uns zu entspannen versuchen. Diese Einschlaf-Position ist allerdings individuell verschieden.

Manche Menschen mit einer sehr stabilen Persönlichkeit können den größten Teil der Nacht in der Einschlaf-Position verbringen. Die meisten jedoch wechseln – gewöhnlich zu Beginn des Tiefschlafs – in eine zweite Position über. Im Bewußtsein, im nächsten Augenblick in die neue Welt des Schlafens hinüberzugleiten, wechseln sie, nun absolut entspannt, in eine neue Stellung, die sie dann meist die ganze Nacht hindurch beibehalten. Diese Körperhaltung, die ihnen eine größere Sicherheit gewährt, verrät Grundlegendes über die Lebensweise von Menschen. Auch wenn sie die Schlafstellung in der Nacht von Zeit zu Zeit ändern, so werden sie doch regelmäßig in die dominante, bevorzugte Position zurückkehren, in der sie auch gewöhnlich morgens aufwachen.

Eine der vier häufigsten Schlafhaltungen ist die **volle Fötus-Lage.** Zusammengekauert, auf der Seite liegend, die Knie gebeugt und stark angezogen, ist der ganze Körper gewissermaßen zu einem Knäuel zusammengerollt. Die Person, die in dieser Stellung schläft, faltet ihren Körper zusammen und verbirgt sowohl das Gesicht wie auch die inneren Organe. Ein Gegenstand, wie zum Beispiel ein Kissen, kann als eine Art Kern dienen, um den sich kreisförmig der Körper legt. Jemand, der so schläft, hat sich noch nicht entfaltet und wagt es nicht, sich den täglichen Vorkommnissen des Lebens zu stellen. Menschen, die in der vollen Fötus-Lage schlafen, rollen sich meistens in einer Bettdecke zusammen. Solche Leute zeigen auch im Alltag ein starkes Schutzbedürfnis.

Die nächste Grundhaltung ist die **ausgestreckte Bauchlage.** Das nach unten auf dem Bett liegende Gesicht, die über dem Kopf augebreiteten Arme, die ausgestreckten und leicht gespreizten Beine zeigen das Bedürfnis des Schlafenden an, zu einem möglichst großen Ausschnitt der Umwelt Kontakt zu halten und einen möglichst großen Sektor davon selbst zu beherrschen. Ein ganz ähnliches Bestreben zeigen „Bauchschläfer" auch im Wachzustand. Auch hier stehen sie unter dem Zwang, ihre tägliche Umwelt selbst bestimmen zu wollen und den Gang der Ereignisse beeinflussen zu wollen. Sie lieben keine Überraschungen und versuchen auch, diese so gut wie möglich aus ihrem Leben herauszuhalten. Diese Menschen sind meist sehr pünktlich und ordentlich und können sich schon über Kleinigkeiten mächtig aufregen. Besonders Unsichere werden quer überm ganzen Bett schlafen, um auch alles zu beherrschen.

Eine dritte, sehr weit verbreitete Schlafposition ist die **königliche** oder **Rückenlage.** „Der König", sagt ein altes Sprichwort, „schläft auf dem Rücken, der weise Mann auf der Seite und der reiche auf dem Bauch".

Rückenschläfer zeichnen sich durch ein großes Selbstvertrauen und eine starke Persönlichkeit aus, so daß es ihnen leichtfällt, die Welt so zu akzeptieren, wie sie ist. Die Welt ist ihr Tummelplatz, egal ob sie wach sind oder schlafen. Sie sind sehr aufgeschlossen, geben und nehmen gern. Als Kinder waren diese Menschen unter Umständen gerne im Mittelpunkt des Interesses gestanden.

Die häufigste aller Schlafpositionen ist die **halbfötale Lage.** In der halbfötalen Position zu schlafen hat den Vorteil, daß zwar die Wärme gespeichert wird, aber die Luft noch frei um den Körper zirkulieren kann, da die Knie nicht ganz, sondern nur halb angezogen werden.

Die wichtigsten Teile des Rumpfes, vor allem das Herz, sind weiterhin geschützt. Außerdem bietet die halbfötale Lage eine größere Beweglichkeit als die anderen Schlafpositionen, da sich der Schläfer, ohne die gewohnte Schlafstellung ändern zu müssen, von der einen zur anderen Seite umdrehen kann. Diese Schlafstellung ist also nicht nur behaglich, sondern auch vernünftig und zweckmäßig. Menschen, die diese Schlafposition bevorzugen, sind im großen und ganzen ausgewogene und selbstsichere Leute, die sich ohne sonderliche psychische Belastungen mit den Tatsachen abzufinden verstehen. Sie sind offensichtlich nicht so verletzlich, daß sie das Bedürfnis haben, die ganze Bettfläche beherrschen zu müssen, aber auch nicht so schutzbedürftig, daß sie sich ganz zusammenrollen.

Soviel zur Bedeutung der häufigsten Schlafhaltungen. Diese wird noch erweitert und oft auch erheblich verändert durch die unterschiedlichen Hand- und Fußhaltungen sowie durch eine Vielzahl von

Variationen der Grundpositionen. Auf all diese Schlafstellungen wollen wir hier jedoch nicht näher eingehen. Informationen darüber können Sie in der einschlägigen Fachliteratur nachlesen.

Ein Mensch kann im Laufe der Nacht weit mehr als eine der Grund- oder zugehörigen Positionen einnehmen. Die meisten Menschen nehmen jedoch nur zwei oder drei verhaltenspsychologisch aufschlußreiche Positionen ein. Unsere Schlafhaltungen spiegeln unsere unmittelbare Lebenssituation sehr fein wider und ändern sich insofern natürlich auch, wenn sich unsere Lebensauffassung und unsere Lebensweise verändern.

Die Anzahl der verschiedenen Schlafpositionen, die ein bestimmter Mensch im Laufe der Nacht einnimmt, und die von ihm bevorzugte Abfolge geben uns Aufschluß über die Komplexität des menschlichen Charakters. Legt sich zum Beispiel jemand zum Einschlafen auf den Rücken und wechselt dann beim Einschlummern in eine seitliche Stellung, so kann man vermuten, daß er sich zunächst als eigener Herr empfindet. Fest eingeschlafen jedoch verrät er seine Grundeinstellung zum Leben.

Im Schlaf von der Notwendigkeit befreit, ein bestimmtes Gesicht zu wahren, entpuppt er sich als ein vernünftiger Mensch, der die Dinge nur nimmt, wie sie kommen. Wenn er den größten Teil der Nacht in dieser halbfötalen Position zubringt, so kann man daraus seine Grundeinstellung zum Leben ablesen, während die beim Zubettgehen eingenommene Rückenlage auf einen anderen Aspekt seiner Persönlichkeit schließen läßt.

Sie sollten sich, auch wenn die Schlafpositionen eine definitive Deutung zulassen, vor einer allzu vereinfachten Auslegung hüten. Was über die vier häufigsten Schlafstellungen gesagt wurde, ist im Grunde genommen nur eine Einführung in die viel umfassendere Problematik der Schlafstellungen.

Reaktionen, die uns entlarven

Bei vielen Gelegenheiten möchten wir gerne unsere wahren Gefühle verbergen, aber es will uns nicht immer so gelingen. Eine trauernde Frau zum Beispiel, die versucht, ihren Kummer zu verbergen, setzt ein „tapferes Gesicht“ auf. Diese Täuschung versagt allerdings meist.

Gelänge der Frau eine perfekte Täuschung, so würde man ihr Mangel an Gefühl vorwerfen, wäre aber nicht wenigstens die Bemühung zur Täuschung erkennbar, so würde man sagen, sie besitzt zu wenig Selbstbeherrschung. Ihr „tapferes Gesicht“ ist eine typische Pseudo-Täuschung, bei der der Täuschende keineswegs unglücklich darüber ist, daß man ihn entlarvt. Was geschieht aber, wenn eine Notwendigkeit zu erfolgreicher Täuschung besteht? Meist steht man dann unter großem Druck, seine Täuschung glaubhaft erscheinen zu lassen. Man lügt bei seinen Wortaussagen und muß dazu passende, überzeugende Körperbewegungen machen. Aber kann man auch seinen Körper unter Kontrolle halten? Nun, man kann zweifellos einige Körperteile besser unter Kontrolle halten als andere. Die Körperteile, deren Bewegungen man sich auch im Alltag bewußt ist, lassen sich am leichtesten disziplinieren. Dazu gehört zum Beispiel unser Gesichtsausdruck. Am besten lügen wir mit dem Gesicht! Die allgemeine Körperhaltung dagegen kann wertvolle Hinweise geben, denn seiner Wachsamkeit oder seines Sichgehenlassens ist man sich durchaus nicht immer bewußt. Auch Handbewegungen und Handhaltungen verraten schon mehr über unsere Täuschung.

Beine und Füße sind von ganz besonderem Interesse, denn gerade der Bewegungen dieses Körperbereichs ist man sich am wenigsten bewußt. Das ist eigentlich auch der Grund, weshalb häufig die Sicht auf die unteren Körperregionen versperrt bleibt – zum Beispiel hinter Schreibtischen.

Das Lügen mit dem ganzen Körper ist für die meisten von uns sehr schwierig, weil wir darin wenig Übung haben. Wenn wir eine bewußte Lüge oder Täuschung versuchen, tun wir das in meist recht unzulänglicher Weise und nur das mangelnde Beobachtungsvermögen unserer Mitmenschen schützt uns vor Entlarvung. Sehr oft kommt es auch vor, daß die Lügen zwar erkannt werden, ihnen aber nicht widersprochen wird, da wir nur ungern die Lügen anderer öffentlich preisgeben.

Professionelle Täuscher sind all diejenigen, deren Beruf wiederholte und anhaltende Täuschungsmanöver verlangt, und zwar Täuschungsmanöver, die man entdecken und denen man widersprechen kann. Wenn sie nicht imstande sind, erfolgreich zu lügen und ihre Lügen auch durchzuhalten, so sind sie zum Mißerfolg verurteilt. Sie müssen im richtigen Augenblick und mit ihrem ganzen Körper lügen können. Dazu gehört jahrelanges Training, bis die bewußte Täuschung zu einer Art „Kunst“ wird. Gemeint sind hier nicht nur große Schauspieler, sondern auch andere Täuscher wie z. B. Politiker, Rechtsanwälte, Gebrauchtwagenhändler und Immobilienmakler. Für sie alle gehören Täuschungen zum Alltagsleben, und sie beherrschen ihre „Kunst“ meist so gut, daß man sich auch noch geschmeichelt fühlt, von solchen Menschen übers Ohr gehauen zu werden.

Wie kann man nun Täuschungen durchschauen? Wir können uns hier auf Experimente amerikanischer Forscher stützen, denen es gelang, eine Reihe entscheidender Unterschiede zwischen den körperlichen Signalen beim Erzählen der Wahrheit und denen beim Lügen festzustellen. Es handelt sich hierbei um folgende:

- Beim Lügen nimmt die Häufigkeit der mit den Händen gemachten einfachen Gesten ab. Der Grund dafür ist, daß wir die Handbewegungen, die unsere Worte begleiten, nicht identifizieren können. Uns ist zwar bewußt, daß wir die Hände bewegen, aber wir wissen nicht, was wir damit aussagen. Unbewußt haben wir das Gefühl, wir könnten uns verraten, deshalb unterdrücken wir diese Gesten.

- Die Häufigkeit der Selbstkontakte mit der Hand im Gesicht erhöht sich. Die beliebtesten Gesten dabei sind: Das Kinnstreicheln, das Lippenzusammendrücken, das Mundbedecken, die Nasenberührung, das Wangenreiben, das Kratzen an den Augenbrauen, das Ziehen am Ohr und das

Streicheln der Haare. Das Bedecken des Mundes ist die am leichtesten zu verstehende Geste. Aus dem Mund kommen lügenhafte Worte, und unbewußt hebt sich die Hand, um diese Worte zurückzuhalten. Der Sprechende hat allerdings auch ein Interesse daran, nicht ins Stocken zu geraten: er besteht andererseits darauf, daß die Worte weiterhin aus dem Mund fließen. Durch diesen inneren Konflikt entsteht dann ein halbherziger Kompromiß, was die Handbewegung betrifft: die Hand geht zwar zum Mund, bedeckt ihn aber nicht ganz.

Als getarntes Mundbedecken ist die Nasenberührung die am häufigsten bei Täuschungsmanövern verwendete Geste.

- Es zeigt sich eine Zunahme der seitlichen Körperbewegungen. Es handelt sich dabei um stark unterdrückte Fluchtbewegungen. Am deutlichsten wird diese Bewegung bei einem Kind, das nervös auf seinem Stuhl hin- und herrutscht.

- Die Hände zucken häufiger.

Alle diese kleinen Bewegungen verraten uns allerdings nicht, ob das Lügen die letztlich einzige Voraussetzung für diese kleinen Gesten ist. Das Lügen kann einer von vielen bedingenden Faktoren sein.

Als wichtige Grundtatsache, auch beim Lügen, ist zu vermerken, daß es sich immer um eine starke Diskrepanz zwischen Gedanken und Handlung handelt. Wir sagen etwas anderes, als wir denken, und es kommt darauf an, daß das, was sich in unserem Gehirn abspielt, im äußeren Verhalten nicht zum Ausdruck kommt. Die Nasenberührung und andere, ähnliche Gesten spiegeln die Tatsache wider, daß eine Diskrepanz zwischen den inneren Gedanken und den äußeren Handlungen besteht. Dies kann man als Täuschung in einer allgemeinen Bedeutung bezeichnen; aktives Lügen ist eine ganz spezielle Form dieses Zustands.

Wenn wir uns zum Beispiel innerlich mit einer schwierigen Frage befassen und uns deshalb an die Nase greifen, dann führen wir in gewissem Sinn ein Täuschungsmanöver durch, aber man kann nicht behaupten, daß wir lügen. Zur Unehrlichkeit gehört mehr als nur die Tatsache, daß man falsche Aussagen macht. Hüten Sie sich also davor, die allgemeine Bedeutung des beobachteten Verhaltens außer acht zu lassen, in der Vorfreude, eine Lüge entlarvt zu haben! Was nach außen hin erkennbar wird, ist nicht nur das Lügen, sondern ein grundlegender Konflikt zwischen Innerem und Äußerem, wobei Gedanken und Verhalten nicht übereinstimmen. Wir können lediglich sicher sein, daß etwas in den Gedanken desjenigen vor sich geht, der sich an die Nase faßt, das nicht nach außen dringen soll und auch nicht verbal mitgeteilt wird.

Man sollte aber auf keinen Fall eine Mauer des überzogenen Mißtrauens gegenüber seinen Mitmenschen errichten und immer bedenken, daß es gerade Menschen mit redlicher Absicht meist am schwersten fällt, glaubhaft zu wirken. Hier gilt es, Signale der Täuschung deutlich von jenen der Unsicherheit zu unterscheiden.

Ein paar Maßregeln für die Deutung der körpersprachlichen Signale

Sie sind nun mit dem notwendigen Rüstzeug versehen, Ihre Umwelt zu beobachten, zu analysieren und aufzuschlüsseln. Genau darin liegt aber auch eine Versuchung, der Sie nicht erliegen sollten.

Pauschalurteile zu fällen ist sehr gefährlich – in den meisten Fällen wird man seinen Mitmenschen damit unrecht tun. Die Absicht, einen Menschen in all seinen Wesenszügen erfassen zu wollen, ist ein Ding der Unmöglichkeit! Eine strenge und im Einzelfall immer treffende Aufteilung der Körpersignale im Sinne einer ganz prinzipiellen Gliederung ist gar nicht möglich.

Überschneidungen lassen sich nie vermeiden. Außerdem ist die Gefahr, daß man sich eine einseitige Auslegung eines körperlichen Signals angewöhnt und zwangsläufige Lücken mit Vorurteilen und Stereotypen ausfüllt, sehr groß. Selbst erfahrene Psychologen beschränken und konzentrieren sich darauf, aufgrund von Beobachtungen nur die Hauptwesenszüge eines Menschen zu beurteilen, weil selbst durch jahrelanges Sammeln von Fakten oft nicht mehr zu erreichen ist. Eine durchgehende „rote Linie" eines Wesensbildes ist aussagekräftiger als die ständige Verzettelung in zum Teil unwesentlichen Details, die letztendlich nur Verwirrung stiften.

Die Kenntnis der körpersprachlichen Äußerungen kann uns dazu verhelfen, daß wir mehr voneinander erfahren und besser miteinander kommunizieren können. Beachten Sie aber bei Ihren körpersprachlichen Analysen bitte folgende Punkte:

- Von großer Bedeutung für die richtige Deutung und Auswertung der Körpersprache ist die prinzipielle Mehrdeutigkeit sämtlicher Ausdrucksmerkmale. Ein- und dieselbe Erscheinung kann ganz verschiedene Quellen haben. (Waagerechte Stirnfalten können sowohl bei plötzlichem Erschrecken als auch beim Aha-Effekt auftreten, auch der Hochmütige, der in dieser Pose auf einen Mitmenschen herunterblickt, zeigt diese Stirnfalten).

  Die richtige Deutung kann sich immer nur aus der Gesamtsituation ergeben. Auch die Einstellung des Menschen, den Sie beobachten, spielt eine wesentliche Rolle!

- Fällen Sie niemals ein vorschnelles Urteil aufgrund eines einzigen Merkmals, so sehr Ihnen das auch vielleicht auffallend und überzeugend erscheinen mag. Wer das nicht erfaßt, betreibt im Grunde genommen nur eine primitive Zeichendeuterei.

- Urteilen Sie auch deshalb nie aufgrund einer einzigen Beobachtung, da Sie Ihre eigene Form immer berücksichtigen müssen! Schauen Sie sich auffällige Dinge mehrmals an, und lassen Sie Zeit zwischen den Beobachtungen verstreichen, denn Ihr Blickpunkt ist nicht jeden Tag gleich objektiv! Oftmals werden wir durch eine persönliche Mißstimmung beeinflußt, und Dinge, die heute so aussehen, sehen morgen völlig anders aus.

- Fällen Sie ein Urteil erst dann, wenn mehrere Zeichen in eine Richtung weisen. Sie sollten im wesentlichen dasselbe aussagen beziehungsweise sich in ihrer Aussage wechselweise bestätigen und ergänzen. In der Regel gibt es für einen halbwegs gut geschulten Beobachter eine ganze Reihe von untrüglichen Hinweisen, die aus ganz verschiedenen Ausdrucksmerkmalen bestehen.

- Hüten Sie sich vor jeder phantasievollen Ausschmückung irgendeines Merkmales. Halten Sie sich immer ganz strikt an den jeweiligen Ausdrucksgehalt eines bestimmten Merkmals. Besonders in Boulevardblättern läßt sich immer wieder eine phantasievolle, sachlich unbegründete Auslegung bestimmter Körpermerkmale, vor allem des Gesichtsausdrucks, bestimmter Politiker finden. Diese Deutungen erfolgen meist im nachhinein und lesen sich recht interessant, obwohl sie eigentlich immer jeder echten Grundlage entbehren.

  Unterliegen Sie auch nicht der Versuchung, an äußeren Gegebenheiten herumzubiegen, bis sie sich Ihrem Wunschbild angepaßt haben – ein Vorgang, der übrigens häufiger abläuft, als Sie vielleicht meinen. Es gibt wahre Meister der Selbstmanipulation, die eindeutige Fakten so lange herumdrehen, bis sie schließlich vollkommen verändert vor ihnen liegen.
  Der Selbstbetrug geht sogar so weit, daß am Ende ein ehrlich erstaunter „Aha-Effekt“ steht, der von den Worten „Das hätte ich nicht gedacht“ begleitet sein kann.

- Das richtige Erfassen der verschiedenen Ausdrucksbewegungen wird auch dadurch erschwert,

daß sich fast jeder von uns im Laufe seines Lebens so etwas Ähnliches wie eine zweite Natur zugelegt hat. Das führt dann dazu, daß ursprüngliche Verhaltensweisen überdeckt werden. Oft handelt es sich dabei um einen kompensatorischen oder überkompensatorischen Prozeß.
Ein gutmütiger Mensch entwickelt zum Beispiel sehr oft aufgrund schlechter Erfahrung (Mißbrauch durch andere) eine nach außen betont rauhe und forsche Art des Auftretens als natürliche Schutzreaktion. Die auffallende Aggressivität verschleiert oft nur die Hilflosigkeit, der man sich in gewissen Situationen preisgegeben fühlt.

Nur ein kritischer Beobachter wird auf das aus dem üblichen Rahmen fallende Verhalten aufmerksam werden.

- Beachten Sie besonders die sogenannten Kleinigkeiten, also kaum auffällige, unscheinbare Ausdruckserscheinungen. Diese kleinen Bewegungen werden meist unbewußt gemacht, sie sind nicht zu steuern und daher auch nicht „wegzuzaubern".
Sie können nicht unterdrückt werden, ohne Zeichen der Unterdrückung sichtbar werden zu lassen. Sie sind wenig auffällig, ja unscheinbar, daher müssen Sie ein wenig üben, um sie wahrzunehmen. Schärfen Sie also Ihre Beobachtungsgabe und Ihr persönliches Einfühlungsvermögen – es wird sich lohnen!

- Wenn Sie andere Menschen beurteilen wollen, so vergessen Sie nie die Selbstkritik! Ein Urteil können wir immer nur im bewußten oder unbewußten Rückschluß auf unsere eigene, persönliche Betrachtungsweise fällen. Nichts ist leichter, als zu verurteilen. Und wohl nichts schwerer, als an sich selbst zu arbeiten. Die Fähigkeit zur Selbstkritik durch eine ständig wachsende Arbeit an sich selbst und eine wirklich gute, treffende Menschenbeurteilung lassen sich kaum trennen.

Die besten Menschenkenner sind nicht die, die sich selber dafür halten, sondern die, die selbstkritisch sind und die sich ihrer immer noch fehlerhaften Urteile bewußt sind.

Zu guter Letzt noch ein Punkt, der ganz besonders wichtig ist. Gehen Sie mit Ihren neuerworbenen Kenntnissen nicht hausieren, und hüten Sie sich davor, sich jetzt in der Öffentlichkeit als Menschenkenner zu brüsten.
Behalten Sie Ihr Wissen für sich, ebenso wie Sie Ihre Beobachtungen und anschließenden Beurteilungen ausschließlich für sich selbst machen sollten. Verletzen Sie Menschen nicht dadurch, daß Sie ihnen Dinge an den Kopf werfen, die klar negativ definiert sind.

Auch wenn sie noch so wahr sind, es wird Ihnen als Kritiksucht und Besserwisserei ausgelegt werden, keinesfalls aber als Ansporn zu einer Änderung dienen.

Es besteht die Gefahr, daß unbedacht und einer bloßen Zweckmäßigkeit wegen in das Innere, in das Wesen eines anderen Menschen eingedrungen wird und daß wir dabei mit dem in Konflikt kommen, was jeder Mensch als den intimen, nur ihm selbst zugänglichen Bereich seiner individuellen Persönlichkeit betrachtet. Ohne jede Einschränkung steht ihm dieses Recht auch zu!

Dieses Geheimnis einer jeden Persönlichkeit wollen wir auch unbedingt und in jeder Lebenslage mit der ihm gebührenden Achtung behandeln!

Register